汽车前沿技术
科·普·系·列

图说
智能汽车域控制器技术

杨胜兵 唐亮 程千 等编著

化学工业出版社

·北京·

内容简介

《图说智能汽车域控制器技术》紧密围绕智能汽车域控制器技术、域控制器分类、域控制器硬件架构、域控制器软件架构、面向服务的架构、云管端跨域协同等技术，以图说的形式，讲解了相关概念、原理、设计方法。

本书可供具有一定工科背景、对汽车前沿技术感兴趣的非汽车专业人群阅读使用，也可供汽车专业的入门者学习使用，对从事智能汽车、汽车电子电气架构技术研发和产业化的研究生、工程师和创业者亦有参考价值。

图书在版编目（CIP）数据

图说智能汽车域控制器技术 / 杨胜兵等编著. —北京：化学工业出版社，2023.5

（汽车前沿技术科普系列）

ISBN 978-7-122-42966-7

Ⅰ. ①图… Ⅱ. ①杨… Ⅲ. ①智能控制-汽车-控制器-图解 Ⅳ. ①U463.6-64

中国国家版本馆 CIP 数据核字（2023）第 029750 号

责任编辑：张海丽
文字编辑：张　琳　孙月蓉
责任校对：王　静
装帧设计：刘丽华

出版发行：化学工业出版社
　　　　　（北京市东城区青年湖南街 13 号　邮政编码 100011）
印　　装：大厂聚鑫印刷有限责任公司
710mm×1000mm　1/16　印张 11　字数 192 千字
2023 年 5 月北京第 1 版第 1 次印刷

购书咨询：010-64518888
售后服务：010-64518899
网　　址：http://www.cip.com.cn

凡购买本书，如有缺损质量问题，本社销售中心负责调换。

定　　价：69.80 元　　　　　　　　　　版权所有　违者必究

前言

随着汽车新四化，即电动化、智能化、网联化和共享化的发展，汽车电子已成为衡量整车性能，特别是智能化、网联化的重要指标，整车电子电气架构正逐渐成为各大汽车厂商着力去重构的重要领域之一。并且随着高科技的日益发展，尤其是人工智能技术的大规模应用，这些系统都将变得越来越复杂，所要实现的功能越来越多，所需的控制器数目也将呈几何倍数增长，这就对整车电子电气架构提出了新的要求，并逐步发展成为了域控制器。

目前，域控制器能够很好地体现整车电子电气架构。随着市场的发展，域控制器的功能有望实现标准化，像电脑的CPU、硬盘、操作系统、网卡一样，域控制器也可以通过云端大数据、AI模型等不断迭代，实现智能的整车电子电气架构，满足未来智能汽车更高的功能要求。以域为单位的域控制器集成化架构是当前最佳的解决方案。

本书全面系统地讲解了智能汽车域控制器的相关技术概念、原理及应用，全书共分为6章。第1章介绍了智能汽车的相关概念，域控制器背景、特点、重要技术等。第2章介绍了智能汽车域控制器的分类、核心需求、优点等。第3章介绍了智能汽车域控制器的硬件和硬件的架构。第4章介绍了智能汽车域控制器的软件、软件架构和汽车安全。第5章介绍了域控制器的面向服务的架构和相关协议。第6章介绍了域控制器的基于云管端的跨域协同方式。

本书由杨胜兵、唐亮、程千、刘晨光、程万里、蔡菊慧共同编写。本书得到了汽车新技术安徽省工程技术研究中心2020年度开放基金项目智能汽车整车域控制器的大数据架构诊断（QCKJ202004）的支持。

由于作者水平有限，书中难免有不足之处，敬请读者朋友们批评指正。

作者

目 录

第1章 智能汽车及其域控制器技术概述 ··· 001
1.1 智能汽车概念及相关技术 ··· 002
1.2 智能汽车域控制器背景 ··· 002
1.3 汽车电子电气架构历史发展进程 ··· 003
1.4 域控制器特点 ··· 006
1.5 域控制器的重要技术 ··· 007
- 1.5.1 CI/CD 开发 ··· 008
- 1.5.2 汽车安全标准 ··· 010
- 1.5.3 面向服务架构（SOA） ··· 010
- 1.5.4 AutoSAR 架构 ··· 011
- 1.5.5 虚拟化技术 ··· 012
- 1.5.6 云计算编排 Kubernetes 组件介绍 ··· 013
- 1.5.7 云计算概览 ··· 016

第2章 智能汽车域控制器的分类与核心需求 ··· 019
2.1 域控制器出现原因 ··· 020
2.2 域控制器分类 ··· 022
- 2.2.1 动力域（安全） ··· 025
- 2.2.2 底盘域（车辆运动） ··· 026
- 2.2.3 座舱域（娱乐 信息） ··· 026
- 2.2.4 自动驾驶域（辅助驾驶） ··· 027
- 2.2.5 车身域（车身电子） ··· 029
2.3 域控制器的核心需求 ··· 031
2.4 域控制器优点 ··· 035
2.5 域控制器各域未来发展趋势 ··· 036

第 3 章　域控制器的硬件架构与设计 ······ 040

3.1　域控制器集成化架构的背景 ······ 042
3.2　域控制器硬件 ······ 044
3.2.1　汽车传感器技术概述 ······ 044
3.2.2　超声波传感器 ······ 046
3.2.3　毫米波雷达 ······ 048
3.2.4　激光雷达 ······ 050
3.2.5　视觉传感器 ······ 053
3.2.6　GPS/DR 组合定位技术介绍 ······ 058
3.2.7　惯性测量单元（IMU）结构原理与应用 ······ 058
3.2.8　4D 毫米波雷达 ······ 060
3.2.9　执行器 ······ 065
3.2.10　运算器（CPU/GPU） ······ 066
3.3　域控制器硬件架构 ······ 071

第 4 章　域控制器的软件架构与设计 ······ 074

4.1　域控制器的主要软件 ······ 075
4.2　自动驾驶域控制器软件架构 ······ 086
4.2.1　硬件抽象层——Hypervisor 与 BSP ······ 087
4.2.2　操作系统标准与 OS 内核 ······ 089
4.3　汽车安全 ······ 092
4.3.1　汽车安全领域 ······ 092
4.3.2　CI/CD（持续集成、持续交付和持续部署） ······ 100

第 5 章　车载 SOA——面向服务架构 ······ 115

5.1　SOA 概述 ······ 116
5.1.1　车载 SOA 国内外应用现状 ······ 117

5.1.2　车载 SOA 应用优势 …………………………………… 118

　　　5.1.3　车载 SOA 发展趋势 …………………………………… 120

　　　5.1.4　车载 SOA 与 EEA 的关系 ……………………………… 120

　　　5.1.5　面向服务架构的汽车软件及开发方法 ………………… 122

　　5.2　SOA 技术相关协议 …………………………………………… 134

第 6 章　基于云管端的跨域协同方式 ……………………………… 144

　　6.1　智能汽车自动驾驶系统 ……………………………………… 145

　　　6.1.1　环境感知 ………………………………………………… 146

　　　6.1.2　建图 ……………………………………………………… 146

　　　6.1.3　路径规划 ………………………………………………… 148

　　　6.1.4　智能汽车地图 …………………………………………… 156

　　6.2　智能汽车相关算法 …………………………………………… 163

参考文献 ………………………………………………………………… 165

第1章 智能汽车及其域控制器技术概述

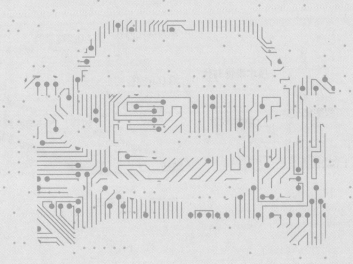

1.1 智能汽车概念及相关技术

智能汽车（Intelligent Vehicle）是搭载先进的车载传感器、控制器、执行器等装置，并融合现代通信与网络技术，实现车与人、路、后台等智能信息交换共享，实现安全、舒适、节能、高效行驶，最终可替代人来操作的新一代汽车。

域控制器作为实现智能汽车功能的重要部件，在未来智能汽车发展过程中起着至关重要的作用。汽车电子电气也正在经历功能机、数字网联、域控智能、跨域服务和云端行业细分应用的阶段，如图1-1所示。

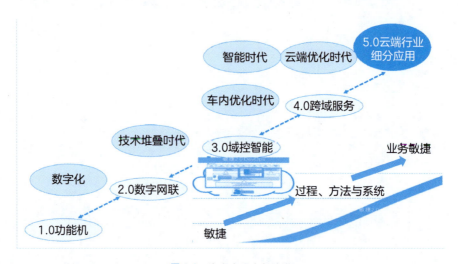

图1-1 汽车电子电气演进

1.2 智能汽车域控制器背景

随着汽车新四化，即电动化、智能化、网联化和共享化的发展，汽车电子已成为衡量整车性能，特别是智能化、网联化的重要指标，整车电子电气架构（Electrical/Electronic Architecture，EEA）正逐渐成为各大汽车厂商着力去重构的重要领域。并且随着高科技的日益发展，包括车载娱乐信息系统、智能驾驶辅助系统等系统都将变得越来越复杂，所要实现的功能越来越多，所需的控制器数目也将呈几何倍数增长，这都对整车电子电气架构提出了新的要求，并逐步发展成为了域控制器。图1-2展示了汽车电子电气架构（EEA）从电子化、网络化、智能化到智慧化的发展历程。

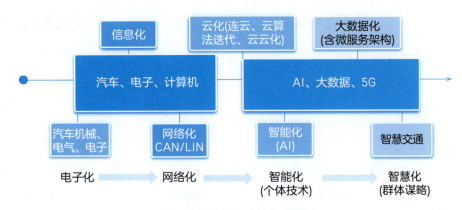

图 1-2 汽车电子电气架构发展

不管是单车智能还是车路协同智能，整车的开发需要全栈技术集成能力、整个开发架构的顶层设计能力（包含仿真、云端调试、迭代等系统工程）、主机厂的顶层设计能力和部件厂家的整合协调能力。目前，随着汽车的电动化、网联化、智能化发展，域控制器能够很好地体现整车电子电气架构的演进，或者说是域控制器落实了整车电子电气架构。随着市场的发展，域控制器的功能有望实现标准化，像电脑的CPU、硬盘、操作系统、网卡一样，域控制器也可以通过云端大数据、AI模型，结合5G技术等不断迭代，实现智能的整车电子电气架构，满足未来智能汽车更高的功能要求。

1.3 汽车电子电气架构历史发展进程

所谓汽车电子电气架构，是集合了汽车的电子电气系统、中央电器盒、连接器、电子电气分配系统等软硬件，并将其设计为一体的整车电子电气解决方案。

汽车上最早的控制单元的作用在于实现对发动机功能的控制，每个电器都需要一个控制器进行独立控制，但随着车载电器越来越多，相应的电子控制单元（Electronic Control Unit，ECU）也越来越多，所需实现的功能日趋复杂和多样，这些需求推动了汽车电子电气架构的演进与改善，从分布式到（跨）域集中式再到车辆集中式，如图1-3所示。

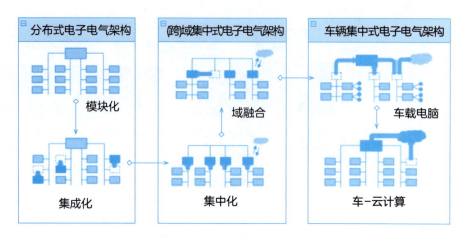

图1-3 汽车电子电气架构的改善

以太网是一种连接车内电子单元的新型局域网技术，在单对非屏蔽双绞线上可实现100Mbit/s甚至1Gbit/s的数据传输速率，同时满足汽车行业高可靠性、低电磁辐射、低功耗、带宽分配、低延迟以及同步实时性等方面的要求。以太网的引入，提高了域控制器间的通信效率，提升了域控制器的性能。

(1) 分布式电子电气架构

ECU通常用简单的多点控制器（Multipoint Control Unit，MCU）芯片来实现，每个ECU通常只负责控制一个单一的功能单元，各个ECU之间通过控制器域网络（Controller Area Network，CAN）总线或者局部互联网络（Local Interconnect Network，LIN）总线连接在一起，通过厂商预先定义好的通信协议交换信息。因此，这个时期的汽车电子电气架构称为"分布式EEA"。

(2) （跨）域集中式电子电气架构

随着模块化程度和ECU功能集成度的更进一步提高，出现了功能域（Function Domain），功能域的出现是域集中式 EEA（Domain Centralized EEA）的标志。从软、硬件架构上来看，域集中式 EEA 最直观的表现就是有了域控制器（Domain Control Unit，DCU）作为整个功能域的核心。域控制器是域主控硬件、操作系统、算法和应用软件等几部分组成的整个系统的统称。

各汽车主机厂家会根据自身的设计理念差异而将汽车域控制划分成几个不同的域。例如，博世将汽车域控制划分为：动力域（Power Train）、底盘域（Chassis）、车身域（Body/Comfort）、座舱域（Cockpit/Infotainment）、自动驾驶域（ADAS）。这也是最常见的五域集中式 EEA。

伴随着域主控处理器性能的进一步增强，对主处理器需求比较类似的多个不同功能域可以进一步融合成一个功能域，即融合成跨域集中式 EEA。大众 MEB 平台将其划分为 3 个域：自动驾驶域、智能座舱域和车身控制域。华为对域的划分也跟大众 MEB 类似。这种三域集中式 EEA 可以理解为是五域集中式 EEA 进一步融合的结果。

三域集中式 EEA 涉及的域控制器主要有 4 类：整车域控制器（Vehicle Domain Controller，VDC）、自动驾驶域控制器（ADAS/AD Domain Controller，ADC）、智能座舱域控制器（Cockpit Domain Controller，CDC）以及若干高性能网关。

目前，业界实行三域集中式 EEA 的有：

大众的 MEB 平台的 E3 架构：由 3 个车辆应用服务器（In-Car Application Server，ICAS）组成的域集中式 EEA，具体包括车辆控制服务器 ICAS1、智能驾驶服务器 ICAS2 和信息娱乐服务器 ICAS3。

华为的"计算＋通信"架构（CC 架构）：由 VDC、ADC、CDC 和网关等部件组成。

（3）车辆集中式电子电气架构

随着功能域的深度融合后，功能域的概念将逐渐消失，域主控处理器演变为更加通用的计算平台，这就是车载"中央＋区域"，也称为"中央集中式"，或者"区域"。主要包括：

① 车载中央计算机（Vehicle Central Computer，VCC）：作为一个通用计算平台，提供整车所需的计算、存储、通信和管理能力。

② 区域控制器平台（Zonal Control Unit，ZCU）：每个区域又会有一个区域计算机。ZCU 是整车计算系统中某个局部的感知、数据处理、控制与执行单元。其负责本区域内的传感器数据的初步计算和处

理，它本身也具有网关的协议转换功能，负责本区域内的网络协议转换。

③ 两级通信网络：时间敏感网络（Time-Sensitive Networking，TSN）作为整车通信的主干网基础设施，要具备高带宽和实时通信特性，同时具备可靠性和失效操作（Fail-Operational）特性；而在区域内，ZCU 与 ECU 之间、ZCU 与传感器之间的通信仍然采用 CAN、CANFD、FlexRay、LIN、10BaseT1s 等中低速网络。

④ 分级供电网络：一级配电网络（也就是骨干供电网络）有双电源保证供电冗余，它将电源输送到区域控制器平台（ZCU）节点；二级配电网络，由区域控制器负责将电力继续向下输送到底层控制器。

未来，汽车电子电气架构还将向车载电脑计算、车-云计算发展。车-云计算的原理，以无人驾驶技术为例，目前的整车电子电气架构大多都是基于车载的控制器进行大规模运算。随着无人驾驶技术的不断发展，整车运算量会越来越大，在 5G 环境下，未来的一个重要趋势就是各整车厂将自己的算法都放在云端，通过汽车与云端之间的实时通信，将云端的运算结果第一时间反馈回车辆。

> **案例**
>
> **特斯拉车辆集中式电子电气架构**
>
> 特斯拉车辆集中式电子电气架构包括中央计算模块（Central Computing Module，CCM）、左车身控制模块（BCM LH：Body Control Module，Left Half）和右车身控制模块（BCM RH：Body Control Module，Right Half）。
>
> 其中，中央计算模块直接整合了驾驶辅助系统和座舱信息娱乐两大域，以及外部连接和车内通信系统域功能。左右车身控制模块分别负责剩下的车身与舒适系统、底盘与安全系统和汽车动力系统的三大功能，其本身也作为一个通信的网关节点。

1.4 域控制器特点

域控制器的发展大力促进了智能汽车的发展。域控制器主要有如下 7 个特征（图 1-4）：

① 集成了传感器和执行器等外围部件；

② 集成度适当提高，芯片算力和带宽提高，处理数据能力和吞吐量提高；

③ 域内控制功能集中，每个域控制器都可以控制一部分功能而不再是单一的功能；

④ 通信网关作用，域与域之间可以实现通信，当一个域失控时可以由其他域代替实现控制，或是中央计算平台通过调度域控制器来实现控制；

⑤ 汽车开发流程、功能安全等都遵循通用的标准，在云端、架构和软件得到体现；

⑥ 整车控制器（Vehicle Control Unit，VCU）可以管控空中激活（Over the Air，OTA），算法迭代更新畅通；

⑦ 能够对软件、硬件算法优化过程进行性能比较，今后，整车厂（Original Equipment Manufacturer，OEM）更多地会将研发力度转向软件。

图 1-4　域控制器特点

1.5　域控制器的重要技术

如图 1-5 所示，高可靠性的汽车产品需要符合多方面的要求：我们需要保障芯片的安全，如硬件安全模块，为芯片设计功能冗余；需要

AutoSAR CP/AP 来规定应用软件和基本车辆功能之间的标准接口，为成员提供标准的架构，以管理日益复杂的 EEA 车载环境；需要功能安全、预期功能安全和信息安全来保证安全行驶，以解决汽车电子电气失效、场景风险和网络数据安全问题；需要面向服务架构（Service-Oriented Architecture，SOA）将应用程序的不同功能单元（称为服务）进行拆分，并通过这些服务之间定义良好的接口和协议将其联系起来，接口采用中立的方式进行定义，它应该独立于实现服务的硬件平台、操作系统和编程语言，使得构建在各种各样系统中的服务可以以一种统一和通用的方式进行交互，实现软件与硬件的解耦，以及软件间以一种通用语言交流；需要在云端持续集成、交付和部署（CI/CD）来实现以自动化的手段提高软件交付的效率；需要 ISO 24089 软件升级标准为道路车辆软件升级提供一个标准架构，需要 UN R156 标准来进行车载软件远程更新。

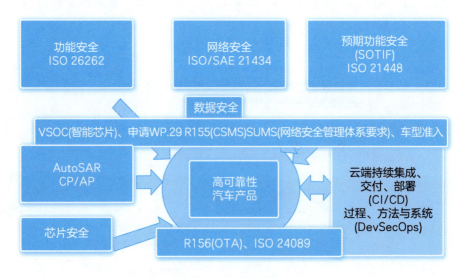

图 1-5 域控制器重要技术

1.5.1 CI/CD 开发

CI/CD 是三个概念，包含了一个 CI 和两个 CD。CI 全称 Continuous Integration，表示持续集成；CD 包含 Continuous Delivery 和 Continuous Deployment，分别是持续交付和持续部署。

CI/CD（图1-6）并不是一个工具，它是一种软件开发实践，核心是通过引入自动化的手段来提高软件交付效率。CI/CD最终目的是：让开发人员更快、更高质量和更简单地交付软件。

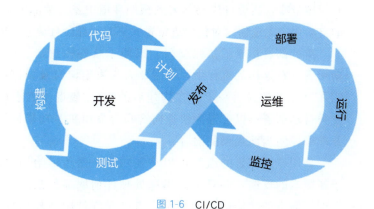

图1-6 CI/CD

(1) 持续集成（CI）

持续集成是构建软件和完成初始测试的过程。通过持续集成，开发人员能够频繁地将其代码集成到公共代码仓库的主分支中。开发人员能够在任何时候多次向仓库提交作品，而不是独立地开发每个功能模块并在开发周期结束时一一提交。

CI的目标是将集成简化成一个简单、易于重复的日常开发任务，这将有助于降低总体构建成本，并在周期的早期发现缺陷。要想有效地使用CI，必须转变开发团队的习惯，要鼓励频繁迭代构建，并且在发现Bug（错漏）的早期积极解决。

(2) 持续交付（CD）

持续交付的目的是最小化部署或释放过程中固有的摩擦。它的实现通常能够将构建部署的每个步骤自动化，以便任何时刻能够安全地完成代码发布（理想情况下）。

持续交付实际上是持续集成的扩展，其中，软件交付流程进一步自动化，以便随时轻松地部署到生成环境中。持续交付集中依赖于部署流水线，团队通过流水线自动化完成测试和部署过程。此流水线是一个自动化系统，可以针对该流水线构建执行一组渐进的测试套件。

流水线的最后一个部分会将构建部署到和生产环境等效的环境中。这是一个整体的过程，因为构建、部署和环境都是一起执行和测试的，它能让构建在实际的生产环境可部署和可验证。

(3) 持续部署（CD）

持续部署是在将代码与基础设施相结合的过程，确保完成所有测试并遵循策略，然后将代码部署到预期环境中。持续部署是一种更高程度的自动化，无论何时对代码进行重大更改，都会自动进行构建/部署。

持续部署扩展了持续交付，以便于软件构建在通过所有测试时自动部署。在这样的流程中，不需要人为决定何时及如何投入生产环境。CI/CD 系统的最后一步将在构建后的组件/包退出流水线时自动部署。此类自动部署可以配置为快速向客户分发组件、功能模块或修复补丁，并准确说明当前提供的内容。

采用持续部署的组织可以将新功能快速传递给用户，得到用户对于新版本的反馈，并且可以迅速处理任何明显的缺陷。用户对无用或者误解需求的功能的快速反馈，有助于降低团队规划投入，避免将精力集中于不容易产生回报的地方。

1.5.2 汽车安全标准

现有阶段安全领域主要包含三部分内容，即功能安全 ISO 26262、预期功能安全 ISO 21448、网络安全 ISO/SAE 21434，分别对应着汽车电子电气失效、场景风险和网络数据安全问题。由于不同领域的安全问题在车辆运行中存在不同的表现形式，因此需要形成不同的方法论和标准，以针对性解决不同类型的安全隐患。

与我国汽车行业现有的多数标准有所差异，预期功能安全和功能安全都属于流程类保障要求。我国现有的大部分标准侧重于对测试结果的要求，而预期功能安全和功能安全更注重在开发、验证的过程中保障安全性。

1.5.3 面向服务架构（SOA）

SOA 是一种架构策略层面的指导思想，是一种在计算环境中设计、开发、部署和管理服务模型的方法。SOA 是一个组件模型，它将应用程序的服务进行拆分，并通过这些服务之间定义良好的接口和协议将其联系起来。接口独立于硬件平台、操作系统和编程语言，这使得构建在各种各样系统中的服务可以以一种统一和通用的方式进行交互。

所谓软件定义汽车，只有把硬件的边界打破，软件之间能够互相"看得到"对方，彼此之间用同一种语言交流，才能形成更大的生态系统,所以汽车领域应用 SOA 是一种必然趋势。

(1) SOA 的定义

SOA 即面向服务的架构,与软件开发语言无关。

汽车 SOA 是对整车智能化的底层能力进行组织,将车端的硬件能力和各种功能 SOA 化,划分为不同的服务,拆分成颗粒度更小的接口。SOA 为整个系统提供大量的抽象服务,严格的封装和层次结构降低了系统复杂性。

SOA 能集成整车各个 ECU、DCU、ZCU、分布式网关/中央网关等的软件,设计出一套统一的 SOA 软件接口和数据传输格式以及安全、性能等一系列规范。有了这套整车软件集成方案,OEM 才能让各个供应商或服务商的软件按 SOA 的统一标准来传输数据,给 OEM 和供应商双方都省去大量的集成成本。

(2) SOA 的功能范围

SOA 的功能范围包括:

① 全车各个零部件的软件(用以太网通信的软件)的接口定义和数据格式;

② 全车的数据安全规则、统一的加密算法、密钥管理机制、权限管理体系等;

③ 备份和冗余机制;

④ 将 CAN 信号转化为服务应用程序接口(Application Programming Interface,API)的数据报文。

1.5.4 AutoSAR 架构

AutoSAR 是一个由汽车行业标准化的开放软件架构。AutoSAR 架构规定了应用软件和基本车辆功能之间的标准接口,旨在为成员提供标准的架构,以管理日益复杂的车载环境。

AutoSAR 是一种分层软件架构,描述了一种自顶向下的 AutoSAR 软件层次结构方法,并将基础软件模块映射到软件层,并显示它们之间的关系。

(1) AutoSAR 作用

AutoSAR 标准化组件交互使软件开发更加独立于硬件,标准软件更具有可移植性。软件可以在很大程度上独立于系统的底层硬件,并且在不同的车辆系统之间共享。AutoSAR 通过实现应用软件和硬件之间的标准化接口来减少限制，从而允许使用与硬件无关的组件软件。该标准接口允许应用软件之间进行通信。

（2）AutoSAR特点

AutoSAR专用于汽车ECU，并具有以下特性：

① 与硬件（传感器和执行器）的强交互；

② 连接到车辆网络，如CAN、LIN、FlexRay或以太网；

③ 具有计算能力和内存资源有限的微控制器；

④ 时间关键的系统和实时程序从内部存储器执行。

（3）AutoSAR架构概述

AutoSAR架构在三个软件层之间的最高抽象级别上进行了区分：应用层、运行时环境、基础软件，如图1-7所示。各层的详细介绍请见本书4.1节。

图1-7　AutoSAR架构

1.5.5　虚拟化技术

虚拟化，是指通过虚拟化技术将一台计算机虚拟为多台逻辑计算机（对计算机物理资源的抽象，实现资源的模拟、隔离和共享）。在一台计算机上同时运行多个逻辑计算机，每个逻辑计算机可运行不同的操作系统，并且应用程序都可以在相互独立的空间内运行而互不影响，从而显著提高计算机的工作效率。

（1）虚拟化技术分类

虚拟化技术可分为全虚拟化和半虚拟化。

在半虚拟化下，修改 Guest OS（Operating System，操作系统）内核，将原生设备驱动从 Guest OS 中移出，放入经虚拟机监视器（Hypervisor）授权的设备虚拟机（Privileged VM）中，操作系统自身能够与虚拟进程进行很好的协作。其优点在于，耗费资源相对少，性能提高；缺点是只能运行经过相应修改的 Guest OS。

（2）虚拟化技术作用

① 减少硬件单元，降低开发成本和系统复杂性；

② 最小化 ECU 到 ECU 的通信开销和简化布线系统；

③ 提高汽车软件设计的灵活性和可转让性。

一个统一的 ECU 系统可以使用虚拟化技术来实现，如图 1-8 所示，它可以支持在一个共同的目标平台上用不同的操作系统来执行各种功能应用程序。

图 1-8　虚拟化技术

1.5.6　云计算编排 Kubernetes 组件介绍

容器技术是微服务技术的核心技术之一，并随着微服务的流行而迅速成为主流。Docker 是容器技术的先驱和奠基者，如今 Kubernetes 成为了容器技术的标准。

（1）Docker

Docker 是一个开源的应用容器引擎，使用 Go 语言开发。Docker 可以对应用进程进行封装隔离，并使其独立于宿主机与其他进程，这种运行时封装的状态称为容器。

Docker 的结构如图 1-9 所示。Docker 可以划分成客户端（Client）、Docker 主机（Host）、私有仓库（Registry）三部分，每个部分负责不同的功能。

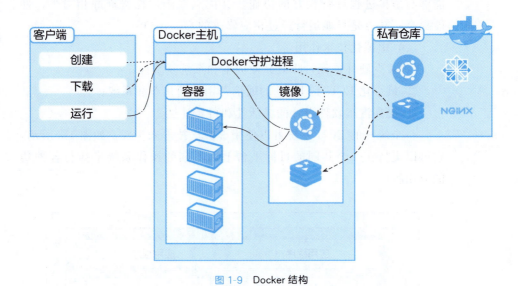

图 1-9 Docker 结构

(2) Kubernetes

Kubernetes，简称 K8s，是一个开源的、用于管理云平台中多个主机的容器化的应用。Kubernetes 作为 SOA 的调度器，其目标是让部署容器化的应用简单并且高效，还提供了一种应用部署、规划、更新、维护的机制。

在 Kubernetes 中，每个容器之间互相隔离，因此不会出现相互影响。每个容器都有自己的文件系统，并且能区分计算资源。由于容器占用资源少，更轻量，更"透明"，能快速部署，因此，在 Kubernetes 中，每个应用都可以被打包成一个容器镜像，每个应用与容器间呈一对一关系，也使容器具有更大优势，并且由于容器与底层设施、机器文件系统是解耦的，所以它能在不同云、不同版本操作系统间进行迁移。因此，每个应用不需要与其余的应用堆栈组合，也不依赖于生产环境基础结构，这使得从研发到测试、生产能提供一致环境，更加便于监控和管理。

如图 1-10 所示，主节点与工作节点形成一个网络，外网接到 K8s 集群上，待集群分配好后可以接到工作节点上。工作节点相当于域控制器，主节点相当于车载计算中心，由 API 服务器实现集群的管理、调度和监控。

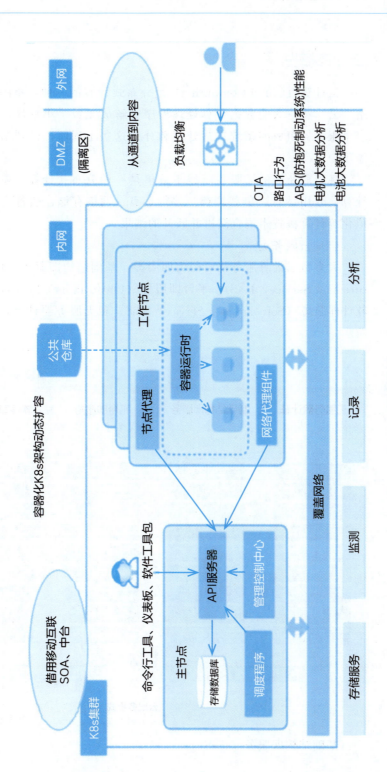

图 1-10 Kubernetes 总体架构

1.5.7 云计算概览

云计算（Cloud Computing）是分布式计算的一种，指的是通过网络"云"将巨大的数据计算处理程序分解成无数个小程序，然后通过多个服务器组成的系统进行处理和分析这些小程序，得到结果并返回给用户。

现阶段所说的云服务已经不单单是一种分布式计算，而是分布式计算、效用计算、负载均衡、并行计算、网络存储、热备份冗杂和虚拟化等计算机技术混合演进并跃升的结果。

（1）云服务类型

大多数云计算服务都可归为四大类：基础结构即服务（Infrastructure as a Service，IaaS）、平台即服务（Platform as a Service，PaaS）、软件即服务（Software as a Service，SaaS）和无服务器计算，如图1-11所示。

图1-11 云服务模式

基础结构即服务（IaaS）：

IaaS 是云计算服务的最基本类别。使用 IaaS 时，用户以即用即付的方式从服务提供商处租用 IT 基础结构，如服务器和虚拟机（VM）、存储空间、网络和操作系统。

平台即服务（PaaS）：

PaaS 是云中的完整开发和部署环境，用户可以使用其中资源交付内容，从基于云的简单应用到启用云的复杂企业应用程序皆可。用户以即用即付的方式从云服务提供商处购买所需资源，并通过安全的 Internet 连接访问这些资源。

软件即服务（SaaS）：

SaaS 让用户能够通过 Internet 连接和使用基于云的应用程序。常见示例有电子邮件、日历和办公工具（如 Microsoft Office 365）。

无服务器计算：

无服务器是新兴的云服务模式，侧重于构建应用功能，用户无须花费时间继续管理要求管理的服务器和基础结构。云提供商可为用户处理设置、容量规划和服务器管理。无服务器体系结构具有高度可缩放和事件驱动特点，且仅在出现特定函数或事件时才使用资源。

无服务器计算可帮助团队提高生产力，更快地将产品推向市场，并可以更好地优化资源。

（2）基础设施向云演进及其意义

① 基础设施有一致性和可靠性。同样一个镜像，在任何地方打开都是一样的，并且其中的操作系统环境对于应用而言都是一致的，它不需要关心容器跑在哪里。这是基础设施一致性非常重要的一个特征。

② 这样的镜像本身就是自包含的，其包含了应用运行所需要的所有依赖，因此可以漂移到云上的任何一个位置。

③ 应用本身也可以更好地扩容，这个过程对于容器化后的应用没有任何特殊的要求。

④ 天生支持微服务。微服务架构是一种架构模式，它提倡将单一应用程序划分成一组小的服务，服务之间相互协调、互相配合，为用户提供最终价值。基础设施向云演进后，一个微服务就可以打包为一个容器镜像，可以很轻易地部署到云端。

（3）微服务与容器的关联

容器技术是底层的一种基础设施，它像集装箱一样把软件封在一个壳子里，然后用标准化的方式把软件部署到服务器上。如果将微服务打包成为容器的一部分，容器镜像就成为一个部署单元，运维团队只需要知道如何部署容器就可以了。通过这种方式，也能够避免由于环境版本不匹配所造成的服务失败。从微服务的角度看，容器可以被看作是开发和运维之间的桥梁，方便了微服务环境的运维。

图 1-12 是微服务与容器关系的示意图，每一个微服务都可以被打包为一个镜像，分别放到不同的容器中去运行，通过如 Kubernetes 等容器管理引擎提供的服务注册、发现、调度功能，借助 API 网关基于 REST/HTTP 方式进行交互，最终为用户提供服务。

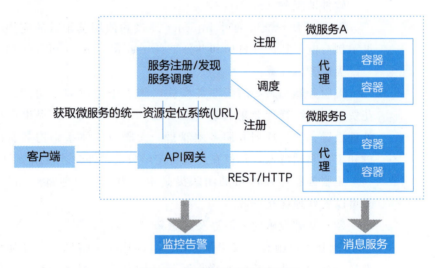

图 1-12　微服务与容器关系示意图

第 2 章

智能汽车域控制器的分类与核心需求

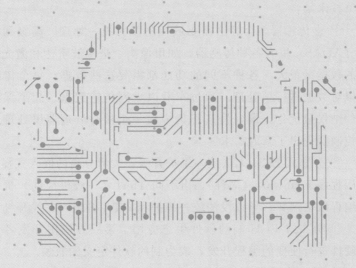

2.1 域控制器出现原因

随着车辆的电子化程度逐渐提高，电子控制单元（ECU）种类越来越多。从防抱死制动系统、四轮驱动系统、电控自动变速箱、主动悬架系统、安全气囊系统，逐渐延伸到了车身安全、网络、娱乐、传感控制系统等。随着汽车电子功能的丰富性和复杂性不断提高，汽车ECU数量逐渐增多，一些车型的ECU数量已经破百，带来了如下问题：

成本端：

① 算力冗余浪费。ECU的算力不能协同，并相互冗余，产生极大浪费。

② 线束成本提升。这种分布式的架构需要大量的内部通信，客观上导致线束成本大幅增加，同时装配难度也加大。

技术端：

① 多传感器融合算法需要域控制器的统一处理。高级驾驶辅助系统（ADAS）里有各种传感器，如摄像头、毫米波雷达和激光雷达，产生的数据量很大，各种不同的功能都需要这些数据，每个传感器模块可以对数据进行预处理，通过车载以太网传输数据。为了保证数据处理的结果最优化，最好将其都集中在一个核心处理器里处理，这就对域控制器提出了新的需求。

② 分布式ECU无法统一维护升级。大量分离的嵌入式操作系统和应用程序Firmware（固件），由不同Tier1（一级供应商）提供，语言和编程风格迥异，导致没法统一维护和OTA升级（在线升级）。

③ 分布式ECU制约软件生态应用。第三方应用开发者无法与这些硬件进行便捷的编程开发，成为制约软件定义的瓶颈。

④ 保障汽车安全的需求。随着汽车ECU的增多，被外部攻击的可能性也就增大了，现在的汽车与外部的数据交换越来越多，车联网的发展也给黑客提供了攻击的可能性，如果还是分布式架构，就不能很方便地把一些关键系统保护起来，如引擎控制和制动系统等属于动力和传动控制方面的系统。可以单独把这些动力、传动控制系统组成一个域，通过中央网关与其他域隔离开，使其受到攻击的可能性减

小，同时加强这个域的网络安全防护，这也对域控制器提出了新的需求。

⑤ 平台化、标准化的需求。集中式电子电气架构相比分布式电子电气架构，需要域控制器（DCU）的处理单元拥有更强的多核和计算能力，而域里其他的处理器就可以相对降低性能和减少资源。各种传感器、执行器可以成为单独的模块，更方便实现零部件的标准化。DCU能够接入不同传感器的信号并对信号进行分析和处理，这样就可以方便地扩展外接的传感器，更加适应不同需求的开发，从而为平台化铺平道路。

总体来说，随着车载传感器数量越来越多，传感器与ECU一一对应，使得车辆整体性能下降，线路复杂性也急剧增加，同时分布式ECU架构在自动驾驶功能实现上面临诸多技术瓶颈，此时DCU和多域控制器（MDC）应运而生，以更强大的中心化电子电气架构逐步替代了分布式电子电气架构，如图2-1所示。

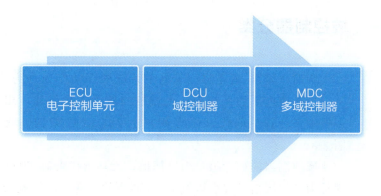

图 2-1 域控制器发展

如何在愈发复杂的线路中保证数据处理以及网络安全的最优化成为难题，用一个或几个"大脑"来操控全车的ECU与传感器正逐渐成为汽车电子电气架构公认的未来，以域为单位的域控制器集成化架构是当前最佳的解决方案。

汽车电子电气架构发展及其特点如图2-2所示。

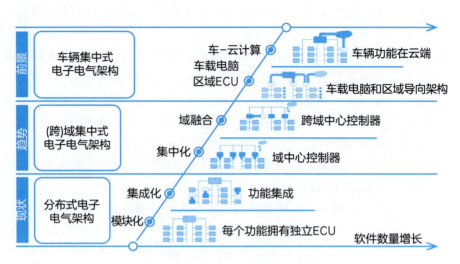

图 2-2 汽车电子电气架构发展及其特点

2.2 域控制器分类

所谓"域",就是将汽车电子系统根据功能划分为若干个功能块,每个功能块内部的系统架构由域控制器为主导搭建,用一个高算力的多核中央计算机取代以往的多个分布式 ECU 架构。域控制器分类见图 2-3。

域控制器的概念最早由以博世、大陆为代表的 Tier1 提出,它的出现是为了解决信息安全以及 ECU 瓶颈的问题。域控制器因为有强大的硬件计算能力与丰富的软件接口支持,使得更多核心功能模块集中在域控制器内,系统功能集成度大大提高,这样对于功能的感知与硬件的执行要求降低。加之数据交互的接口标准化,会让这些零部件变成标准零件,从而降低这部分零部件开发及制造成本。也就是说,外围零件只关注基本功能实现,而中央域控制器关注系统级功能的实现。

对于功能域的具体划分,不同整车厂会有自己的设计理念。例如,博世将其分为 5 个域:动力域、底盘域、座舱域、自动驾驶域、车身域;大众 MEB 平台和华为将其分为 3 个域:自动驾驶域、智能座舱域、车身控制域。

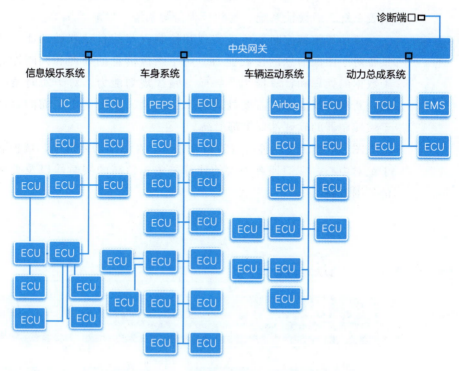

图 2-3　域控制器分类

IC—芯片；　PEPS—智能进入及启动系统；　Airbag—安全气囊；
TCU—自动变速箱控制单元；　EMS—发动机管理系统

　　动力域控制器主要控制车辆的动力总成，优化车辆的动力表现，保证车辆的动力安全。动力域控制器的功能包括但不限于发动机管理、变速箱管理、电池管理、动力分配管理、排放管理、限速管理、节油节电管理等。

　　车身域控制器主要控制各种车身功能，包括但不限于对于车前灯、车后灯、内饰灯、车门锁、车窗、天窗、雨刮器、电动后备厢、智能钥匙、空调、天线、网关通信等的控制。

　　底盘域控制器主要控制车辆的行驶行为和行驶姿态，其功能包括但不限于制动系统管理、车传动系统管理、行驶系统管理、转向系统管理、车速传感器管理、车身姿态传感器管理、空气悬挂系统管理、安全气囊系统管理等。

　　座舱域控制器主要控制车辆智能座舱中的各种电子信息系统，这些系统包括中控系统、车载信息娱乐系统、抬头显示系统、座椅系统、仪表系统、后视镜系统、驾驶行为监测系统、导航系统等。

自动驾驶域控制器负责实现和控制汽车的自动驾驶功能，其需要具备对于图像信息的接收能力、对于图像信息的处理和判断能力、对于数据的处理和计算能力、导航与路线规划能力、对于实时情况的快速判断和决策能力，需要处理感知、决策、控制三个层面的算法，对于域控制器的软硬件要求都最高。

图 2-4 给出了一种可行的划分方法。在每个功能域中，域控制器处于绝对中心，它们拥有强大的计算能力、超高的实时性以及大量的通信外围设备。

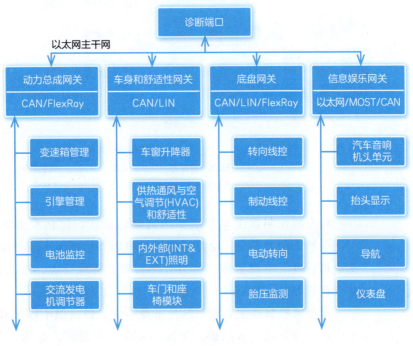

图 2-4　域的划分

以博世经典的五域分类拆分整车为动力域（安全）、底盘域（车辆运动）、座舱域（娱乐 信息）、自动驾驶域（驾驶辅助）和车身域（车身电子），这五大域控制模块（图 2-5）较为完备地集成了 L3 及以上级别自动驾驶车辆的所有控制功能。

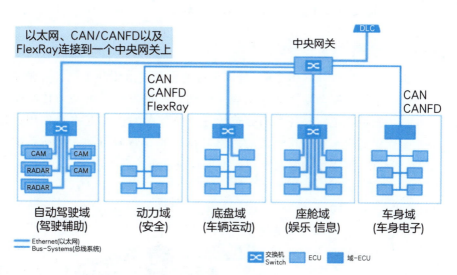

图 2-5 博世经典的五域划分

2.2.1 动力域（安全）

动力域控制器是一种智能化的动力总成管理单元，借助 CAN/FlexRay 实现变速箱管理、引擎管理、电池监控、交流发电机调节。其优势在于为多种动力系统单元（内燃机、电动机、发电机、电池、变速箱）计算和分配扭矩，通过预判驾驶策略实现 CO_2 减排、通信网关等，主要用于动力总成的优化与控制，同时兼具电气智能故障诊断、智能节电、总线通信等功能。

未来主流的系统设计方案如下：

① 以 Aurix 2G（387/397）为核心的智能动力域控制器软硬件平台，对动力域内子控制器进行功能整合，集成 ECU 的基本功能，集成面向动力域协同优化的 VCU、Inverter（逆变器）、TCU、BMS（电池管理系统）和 DC/DC（直流变换器）等高级的域层次算法。

② 以 ASIL-C 安全等级为目标，具备 SOTA（最佳性能算法）、信息安全、通信管理等功能。

③ 支持的通信类型包括 CAN/CANFD、Gigabit Ethernet（以太网），并对通信提供 SHA-256 加密算法支持。

④ 面向 CPU/GPU（图形处理器）发展，需要支持 Adapative AutoSAR 环境，主频需要提高到 2G，支持 Linux 系统，目前支持 POSIX

(可移植操作系统接口)的操作系统。

2.2.2 底盘域(车辆运动)

底盘域(图 2-6)与汽车行驶相关,由传动系统、行驶系统、转向系统和制动系统共同构成。传动系统把发动机的动力传给驱动轮;行驶系统把汽车各个部分连成一个整体并对全车起支承作用;转向系统保证汽车能按驾驶员的意愿进行直线或转向行驶;制动系统对汽车进行一定程度的强制制动,实现减速停车、驻车制动。

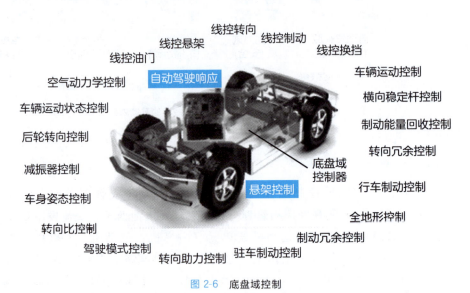

图 2-6 底盘域控制

智能化推动线控底盘发展。随着汽车智能化发展,智能汽车的感知识别、决策规划、控制执行三个核心系统中,与汽车零部件行业最贴近的是控制执行端,也就是驱动控制、转向控制、制动控制等,需要对传统汽车的底盘进行线控改造以适用于自动驾驶。线控底盘主要有五大系统,分别为线控转向、线控制动、线控换挡、线控油门、线控悬架,线控转向和线控制动是面向自动驾驶执行端方向最核心的产品,其中又以制动技术难度更高。

2.2.3 座舱域(娱乐 信息)

传统座舱域是由几个分散子系统或单独模块组成,这种架构无法支持多屏联动、多屏驾驶等复杂电子座舱功能,因此催生出座舱域控制器这种域集中式的计算平台。智能座舱的构成主要包括全液晶仪表、大屏中控系统、车载信息娱乐系统、抬头显示系统、流媒体后视镜等，核心控制部件是域控制器。座舱域控制器通过以太网/MOST/CAN，实现抬头显示、仪表盘、导航等部件的融合，不仅具有传统座舱电子部件，还进一步整合 ADAS 和车联网 V2X（Vehicle to Everything，车对外界的信息交换）系统，从而进一步优化智能驾驶、车载互联、信息娱乐等功能。

通过座舱域控制器，可以实现独立感知和交互方式升级。一方面，车辆具有"感知"人的能力。智能座舱系统通过独立感知层，能够拿到足够的感知数据，如车内视觉、语音以及转向盘、刹车踏板、加速踏板、挡位、安全带等底盘和车身数据，利用生物识别技术（如人脸识别、声音识别），来综合判断驾驶员（或其他乘员）的生理状态和行为状态（驾驶行为和声音、肢体行为），随后根据具体场景推送交互请求。另一方面，车内交互方式从单一物理按键交互升级至触屏交互、语音交互、手势交互并存的状态。此外，多模态交互技术通过融合视觉、语音等模态的感知数据，做到更精准、更智能、更人性化的交互。

座舱域控制器领域，目前使用最多的是伟世通 Smart Core，其次就是 Aptiv 的集成驾驶舱控制器（Integrated Cockpit Controller，ICC）方案。伟世通的 Smart Core 旨在集成信息娱乐、仪表板、信息显示、平视显示器（Head Up Display，HUD）、ADAS 和网联系统。据伟世通称，它具有很高的扩展性和网络安全程度，可实现独立的功能域。而 Aptiv 的 ICC 使用最新的英特尔汽车处理器系列，可支持四个高清显示器，可扩展，并且可以从入门级覆盖到高端产品。ICC 在图形（10×）和计算能力（5×）方面提供了实质性的改进，ICC 使用单芯片中央计算平台驱动多个驾驶舱显示器，包括仪表、HUD 和中央堆栈等。

2.2.4 自动驾驶域（辅助驾驶）

通常来讲，我们所理解的自动驾驶域控制器可能主要是指域控制器硬件＋底层基础软件。但是从广义上来看，自动驾驶域控制器不仅包含硬件＋底层基础软件，还涵盖了中间件以及上层应用算法，甚至还涉及外围的传感器以及执行器，它们共同构成了一套大系统。

应用于自动驾驶领域的域控制器能够使车辆具备多传感器融合、定位、路径规划、决策控制的能力，通常需要外接多个摄像头、毫米波雷达、激光雷达、超声波雷达等设备，完成的功能包含图像识别、数据处理等。其需要匹配核心运算力强的处理器，从而为不同等级的自动驾驶提供相应计算能力的支持，核心主要在于芯片的处理能力，最终目标是能够满足自动驾驶的算力需求，简化设备，大大提高系统的集成度。

自动驾驶汽车通过激光雷达、毫米波雷达、摄像头、GPS、惯性导航测量单元等车载传感器来感知周围环境，通过传感器数据处理及多传感器信息融合，以及适当的工作模型制订相应的策略，进行决策与规划。在规划好路径之后，控制车辆沿着期望的轨迹行驶。域控制器的输入为各项传感器的数据，所进行的算法处理涵盖了感知、决策、控制三个层面，最终将输出传送至执行机构，进行车辆的横纵向控制，如图 2-7 所示。

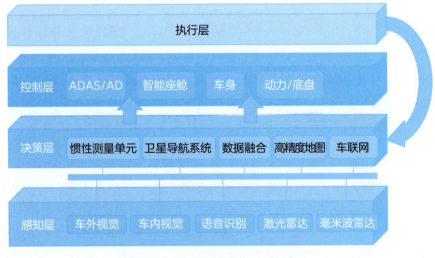

图 2-7　自动驾驶辅助系统构成图

由于要完成大量运算，域控制器一般都要匹配一个核心运算力强的处理器，目前业内有英伟达、华为、瑞萨、NXP、TI、Mobileye、赛灵思、地平线等多个方案。以奥地利 TTTech 公司的 zFAS（首次在 2018 款奥迪 A8 上应用）为例，这款基于德尔福提供的域控制器设计的产品，内部集成了英伟达 Tegra K1 处理器、Mobileye 的 EyeQ3 芯片，各个部分处理不同的模块。Tegra K1 负责 4 路环视图像处理，EyeQ3 负责前向识别处理。

在自动驾驶技术快速发展背景下，国内外越来越多的企业都开始涉足自动驾驶域控制器。ADAS 域控制器正在从过去的分布式系统架构演变到域集中式架构。现在有了功能强大的集中式 ADAS 域控制器后，系统的软硬件复杂度大大降低，可靠性也得到了提高。

从产品的定位和用途角度去看，当前乘用车市场上的自动驾驶域控制器大体可以分为两种类型：中低算力域控制器（轻量级域控）和大算力域控制器。

中低算力域控制器：用于实现 L1~L2＋级的驾驶辅助功能，主要搭载在中低端车型上。这种类型的域控制器对成本比较敏感，它的定位是作为一款高性价比、适合大规模量产落地的产品。

大算力域控制器：用于实现 L2＋及以上的高阶自动驾驶功能，主要搭载于中高端车型。这种类型的域控制器对 AI 的算力要求比较高，并且还要做硬件预埋，但由于它的定位是要体现出高端和科技感，因此在成本方面承受度较好。

2.2.5 车身域（车身电子）

随着整车发展，车身控制器越来越多，为了降低控制器成本，降低整车重量，集成化需要把所有的功能器件，从车头、车中间和车尾的部分（如后刹车灯、后位置灯、尾门锁，甚至双撑杆）统一连接到一个总的控制器里面。车身域控制器从分散化的功能组合，逐渐过渡到集成所有车身电子的基础驱动、钥匙、车灯、车门、车窗等的大控制器。车身域控制系统综合灯光、雨刮洗涤、中控门锁、车窗控制，PEPS 智能钥匙、低频天线、低频天线驱动、电子转向柱锁、发动机防盗锁止系统（IMMO）天线、网关的 CAN、可扩展 CANFD 和 FlexRay、LIN 网络、以太网接口、轮胎压力监测系统（TPMS）和无线接收模块等，进行总体开发设计。车身域控制器能够集成传统 BCM、PEPS、纹波防夹等功能。车身域电子系统领域不论是对国外企业还是对国内企业，都尚处于拓荒期或成长初期。国外企业在如 BCM、PEPS、门窗、座椅控制器等单功能产品上有深厚的技术积累，同时产品线覆盖面较广，为他们做系统集成产品奠定了基础。而部分国内企业生产的产品相对低端，且产品线单一，要从整个车身域重新布局和定义系统集成的产品就会有相当的难度。其中较为成熟的产品见图 2-8。

车身域控制器扩展算力，能够兼容传统 BCM 功能，同时集成空调算法、门控逻辑、胎压监控等整车控制策略。

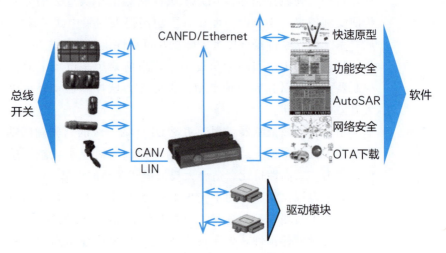

图 2-8　经纬恒润研发的车身域控制器

案例

广汽埃安：车云一体化集中式电子电气架构"星灵架构"

整个"星灵架构"（图 2-9）由 3 个核心计算单元（汽车数字镜像云和中央运算单元、智能驾驶域控制单元、信息娱乐域控制单元）、4 个区域控制器（前侧、后侧、左侧、右侧区域控制器）为主构成。

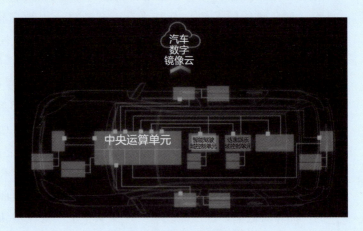

图 2-9　广汽埃安"星灵架构"

3个核心计算单元都根据不同的需求搭载了行业领先水平的产品，形成了高算力＋高性能芯片组合（图2-10），能够让车辆在未来拥有更多冗余部分。中央运算单元搭载NXP S32G399高性能网关计算芯片，由8个A核＋4个M核构成，算力较目前主流的芯片提升50倍，同时内置LLCE（低延迟通信引擎）＋PEE（数据包转发引擎）以及整车OTA主节点，加强数据传输效率。

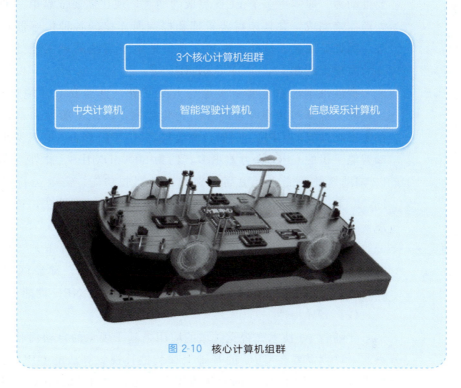

图2-10　核心计算机组群

2.3　域控制器的核心需求

　　域控制器的兴起对传统的汽车MCU厂商造成了极大的挑战，因为MCU使用量将大大减少，传统的MCU产品的演进路线将不复存在。
　　在分布式ECU时代，计算和控制的核心是MCU芯片，传输的基础核心是基于传统的CAN、LIN和FlexRay等低速总线。但在域控制器时代，高性能、高集成度的异构 SoC（System on Chip，单片系统）芯片作为域的主控处理器，将成为域控制器计算与控制的核心芯片。而汽车 TSN 因为具有高带宽、实时和数据通信能力可靠等特点，必将成为整车通信的核心基础设施，尤其是域主控处理器之间的通信主干网。

（1）高性能

总的来说，对算力的需求提升一直是域控制器核心芯片发展的主要推动力。原本由多个 ECU 完成的功能，现在需要依靠单一的域主控处理器来完成，并且还需要管理和控制所连接的各种传感器与执行器等。例如，底盘、传动系统和车身舒适电子系统的域主控处理器，其算力需求大约在 10000～15000DMIPS❶。

智能汽车，除了要更多地与人交互外，更需要对环境进行感知，这就需要计算和处理海量的非结构化数据，因此座舱域和自动驾驶域都要求高性能的 CPU。例如，座舱仪表的 CPU 算力，它其实跟一部高端智能手机的 CPU 算力差不多，约为 50000DMIPS。此外，为了支持 L2 辅助驾驶功能或者更高级别的自动驾驶功能，需要运行很多视觉 DNN（Deep Neural Network，深度神经网络）模型算法，这就又额外需要上百 TOPS❷ 的 AI 算力。

所以，各芯片厂商总是会尽量使用更先进的制程工艺、更先进的 CPU 核与 NPU（Neural-network Processing Unit，神经网络处理单元）核来尽量提高域主控芯片的 CPU 核心性能与 NPU 性能。

（2）高异构性

伴随着 AI 技术在视觉领域的应用，基于视觉的自动驾驶方案逐渐兴起，这就需要在 CPU 的基础上加装擅长视觉算法的 GPU 芯片，从而形成"CPU＋GPU"的解决方案。不过，"CPU＋GPU"组合也并非最优解决方案，因为 GPU 虽然具备较强的计算能力，但成本高、功耗大，由此又逐步引入了 FPGA（Field Programmable Gate Array，现场可编程门阵列）和 ASIC（Application Specific Intergrated Circuit，专用集成电路）芯片。

总体来看，单一类型的微处理器，无论是 CPU、GPU、FPGA 还是 ASIC，都无法满足更高阶的自动驾驶需求，域控制器中的主控芯片

---

❶ DMIPS：主要用于测整数计算能力，1DMIPS 相当于测整数计算能力为 100 万条指令/秒。

❷ TOPS：处理器运算能力单位，1TOPS 代表处理器可进行 10^{12} 次操作/秒。

会走向集成"CPU＋xPU（xPU 包括 GPU/FPGA/ASIC 等）"的异构式 SoC，从而能较好地支撑各种场景的硬件加速需求。

（3）高集成度

从功能层面上，域控制器会集成越来越多的功能，如动力系统域可能把发动机、电机、BMS、车载充电机的控制组合在一起。有些主机厂甚至直接一步到位，将底盘、动力传动以及车身三大功能域直接整合成一个整车控制域。

要支持这些功能的整合，作为域控制器的大脑，域主控处理器 SoC 就需要集成尽可能多的接口类型，如 USB、Ethernet、I2C、SPI、CAN、LIN 以及 FlexRay 等，从而能连接和管理各种各样的 ECU、传感器和执行器。

（4）硬件虚拟化

对硬件虚拟化技术的需要主要来自两方面：①硬件资源的分区与隔离；②支持混合安全等级。

原本需要多个 ECU 实现的多个功能都整合到域控制器上后，势必会导致域控制器的软件更为复杂，整个软件系统的出错概率增加、可靠性下降。此外，多个应用混合运行在同一个操作系统上，经常会出现故障传播（Failure Propagation）。因此，通过硬件虚拟化技术对硬件资源进行分区（Partition），使得各个功能对应的软硬件之间互相隔离（Isolation），以此保证整个系统的可靠性。

另外，在汽车电子系统中，通常不同的应用对实时性要求和功能安全等级要求都不同。例如，根据 ISO 26262 标准，汽车仪表系统与信息娱乐系统属于不同的安全等级，具有不同的处理优先级。汽车仪表系统与动力系统密切相关，要求具有高实时性、高可靠性和强安全性，并运行在底层实时操作系统上（如 QNX）。而信息娱乐系统主要为车内人机交互提供控制平台，追求多样化的应用与服务，以 Linux 和 Android 为主。为了实现混合安全等级的应用，实现不同的操作系统运行在同一个系统上，需要虚拟化技术的支持。

车载硬件虚拟化技术的核心是 Hypervisor，它是一种运行在物理服务器和操作系统之间的中间层软件，可以允许多个不同虚拟机上的操作系统和应用共享一套基础物理硬件。当系统启动时，首先运行 Hypervisor，由它来负责给每一台虚拟机分配适量的内存、CPU、网络、存储以及其他硬件资源等（也就是对硬件资源进行分区），最后加载并启动所有虚拟机的客户操作系统。

(5) ISO 26262 功能安全

功能安全是汽车研发流程中非常关键的要素之一。随着系统复杂性的提高，来自系统失效和随机硬件失效的风险日益增加。ISO 26262 标准制定的目的就是更好地规范和标准化汽车全生命周期中的功能安全管理和要求，包括概念阶段、系统研发、硬件研发、软件研发、生产和操作过程、售后等环节，重点是在产品设计阶段如何定义和实现功能安全的目标。

(6) 软件架构灵活可靠

ECU 原先运行的软件大多数是按照 AutoSAR Classic 规范开发的，一般都是静态调度（Static Scheduling）模式，即在系统运行时，程序中不同功能的函数按照事先定义好的排序文件依次调用、逐个运行。资源分配问题都是事先安排好的，车辆量产后就不会再改变，每个功能对应的函数代码具体运行时间也被提前锁定，是确定性的。因此，这种设计对于汽车上很多对功能安全要求苛刻的场景是非常适用的。例如，决定安全气囊是否打开的功能函数就是固定地每隔几毫秒运行一次，以便紧急情况下可以及时打开。

承载计算和控制的底层硬件从分散的多个 ECU 集中到多核、异构的高性能域主控处理器后，相应的软件也会从分散向集中、从简单向复杂、从静态向动态进化。图 2-11 显示了汽车域控制器上的典型软件架构。

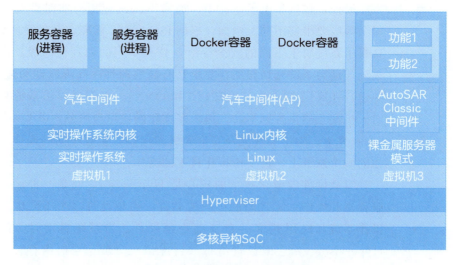

图 2-11 汽车域控制器上的典型软件架构

① 操作系统层。最底层利用 Hypervisor 虚拟化技术对硬件资源进行分区（Partition），从而可以在每个虚拟机运行不同的操作系统。

② 中间件层。为了让域主控处理器在汽车场景下使用，需要有很多软件或者中间件使域控制器满足汽车的电源管理标准、网络管理标准以及诊断标准等。车载域控制器需要比一般工业嵌入式系统有更高的可靠性要求，这样就需要在计算机操作系统基础上再附加对存储和通信等各方面的安全保护和容错机制；同时，为了让车载域控制器能够在整车 EEA 下运行，还需要提供时钟同步、日志跟踪以及服务管理和发现等功能。AutoSAR Adaptive 规范定义了运行在 Linux 或者完全兼容 POSIX 1003.1 标准的 RTOS（嵌入式实时操作系统）上的这一层与车相关的中间件标准，而传统运行在 POSIX 子集的 RTOS 或者 Bare Metal（裸机）模式的中间件规范则由 AutoSAR Classic 标准定义。

③ 应用层。上层应用基于 AutoSAR 标准的中间件来进行开发。随着汽车智能化和网联化相关的功能越来越多，上层应用软件也越来越复杂。为了降低单个应用的整体复杂性，可以借鉴互联网的面向服务架构（SOA）的软件设计思想，将一个复杂应用拆分成多个服务。每个服务尽量实现成无状态方式的服务，以利于整个系统的开发、测试和软件重用。服务与服务之间通过事件或者消息总线（发布/订阅工作模式）来进行通信，并降低相互之间的耦合度；通过服务配置来管理服务之间的依赖性、服务的部署和启动，以及进行服务的健康状态监测等。

域集中式 EEA 会是未来相当长一段时间占主要地位的汽车 EEA，域控制器作为域集中式 EEA 的核心，会在整个汽车产业链中占据越来越重要的地位。其相应的芯片、硬件方案、操作系统和算法等将会成为整个产业链各上下游企业关注的焦点。

2.4 域控制器优点

由于传统设计理念和零部件供应模式等因素的制约，汽车电子电气系统存在结构复杂、维护升级困难、电子部件冗余等问题。域控制

器在车辆上运用,有效地缓解了这几个难点,在提高经济效益的基础上确保了安全。该技术归纳起来共有四大优点:

① 精简电子系统布局。现役车辆电子系统搭载的电子控制单元平均为 25 个(高端车辆甚至超过 100 个),通信总线长达 6km,总质量超过 70kg,并占据了大量的空间。域控制器技术的运用,使电子系统布局大为精简,节省出大量空间,有效提高了装配效率。根据国内商用车生产厂家资料,采用域控制器,每辆车电子电气系统搭载的电子控制单元平均为 16 个,通信总线长 3.7km,总质量不到 44kg,与传统电子系统布局相比,精简了近 40%。

② 提高智能化水平。域控制器使用的多核 CPU/GPU 芯片,其运算、储存能力非常强大,为诸多智能化功能的实现奠定了物质基础。如使用座舱域控制器,可以将原有七八块显示屏的庞杂信息,选择关键的汇集到一块屏上,便于驾驶员第一时间掌握车辆动态;同时,座舱域控制器还可以与抬头显示屏、空调控制、后视镜、人机交互等模块连接,确保驾驶员清楚车辆行驶中的内部状态。又比如域控制器可以对收集到的信息进行选择处理,将核心信息通过网络发送给厂家数据库,厂家针对车辆状态及时提出养护和保险建议。

③ 降低车辆生产成本。域控制器的使用,可以大幅减少电子控制单元的数量、缩短通信总线长度、减轻电子系统重量,从而降低车辆制造成本。据国内某汽车制造厂统计,与传统电子系统布局的商用车相比,采用域控制器技术的商用车,生产成本平均下降 3.1%,市场销售率增长 2.6 倍。

④ 提升安全防护性能。采用域控制器技术,可以第一时间采集诸如发动机运行状态、机械部件磨损情况、电子系统软硬件错误报告等信息,方便售后维修中心同步读取并制订排故方案,尽快对车辆进行针对性维修,有效降低交通事故发生率。

2.5 域控制器各域未来发展趋势

域控制器各域发展趋势如图 2-12 所示。

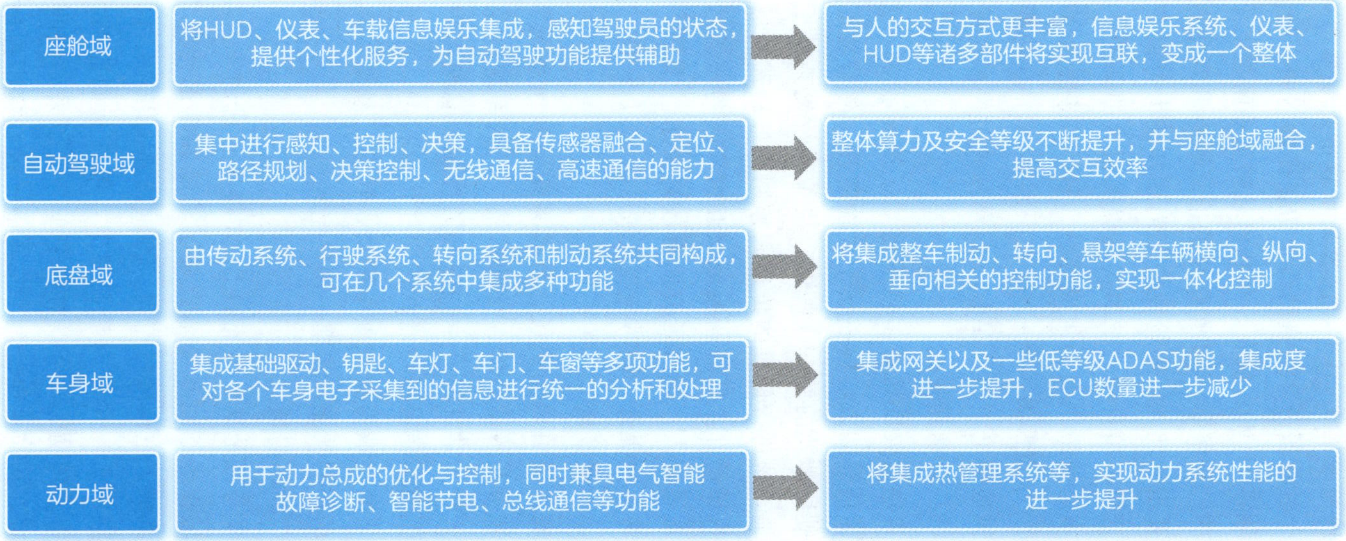

第2章 智能汽车域控制器的分类与核心需求

域	现状	发展趋势
座舱域	将HUD、仪表、车载信息娱乐集成,感知驾驶员的状态,提供个性化服务,为自动驾驶功能提供辅助	与人的交互方式更丰富,信息娱乐系统、仪表、HUD等诸多部件将实现互联,变成一个整体
自动驾驶域	集中进行感知、决策,具备传感器融合、定位、决策规划、无线控制、高速通信的能力	整体算力及安全等级不断提升,并与座舱域融合,提高交互效率
底盘域	由传动系统、行驶系统、转向系统和制动系统共同构成,可在几个系统中集成多种功能	将集成整车制动、转向、悬架等车辆横向、纵向、垂向相关的控制功能,实现一体化控制
车身域	集成基础驱动、钥匙、车灯、车门、车窗等多项功能,可对各个车身电子采集到的信息进行统一的分析和处理	集成网关以及一些低等级ADAS功能,集成度进一步提升,ECU数量进一步减少
动力域	用于动力总成的优化与控制,同时兼具电气智能故障诊断、智能节电、总线通信等功能	将集成热管理系统等,实现动力系统性能的进一步提升

图2-12 域控制器各域发展趋势

(1) 座舱域

座舱域集成 HUD、仪表、车载信息娱乐等，感知驾驶员的状态，提供个性化服务，为自动驾驶功能提供辅助。随着汽车的智能化发展，座舱域将 HUD、仪表、车载信息娱乐等座舱电子集成在一起，通过对用户的"理解"，提供个性化的信息服务和娱乐服务，满足用户对舒适性的要求。此外，座舱域的车内感知能力可以有效地识别驾驶员的状态，这可以给自动驾驶的实现提供很大的帮助。HUD、仪表、信息娱乐是座舱域最主要的组成部分。HUD 将把 ACC（自适应巡航控制）、LDW（车道偏离预警）、行人识别等 ADAS 功能和部分导航功能投射到挡风玻璃上，预计在 L3＋自动驾驶时代，其将成为标配。

(2) 自动驾驶域

自动驾驶域具备多传感融合、决策控制、图像识别、数据处理、高速通信等能力，核心在于主控芯片。随着智能汽车时代的来临，自动驾驶所涉及的感知、控制、决策系统复杂性更高，并且需要更多地与其他系统进行信息的传递和控制。自动驾驶域所集成的功能基本不涉及机械部件，且与座舱域交互密切。与座舱域一样，自动驾驶域数据传输量较大，对时延方面有较高要求。未来，自动驾驶域对算力的需求将不断提升，同时与座舱域融合，以提升交互效率。

(3) 底盘域

底盘域由传动系统、行驶系统、转向系统和制动系统共同构成。底盘域可在传动系统、行驶系统、转向系统以及制动系统中集成多种功能，较为常见的有空气弹簧的控制、悬架阻尼器的控制、后轮转向功能、电子稳定杆功能、转向柱位置控制功能等。若提前预留足够的算力，底盘域将集成整车制动、转向、悬架等车辆横向、纵向、垂向相关的控制功能，实现一体化控制。

(4) 车身域

车身域是基于传统的 BCM 模块形成的车身功能和零部件的集成。车身域相当于对车身节点做了功能和零部件的集成。在传统的 BCM 上，集成了空调风门控制、胎压监测、PEPS、网关等功能。车身相关功能集中于一个总的控制器中，包括基础驱动、钥匙、车灯、车门、车窗等多项功能，可以对各个车身电子采集到的信息进行统一的分析和处理，从而实现对各个车身电子进行集中控制。未来，预计车身域将集成网关以及一些低等级 ADAS 功能，以提升通信效率，整体 ECU

数量将进一步减少。

(5) 动力域

动力域用于动力总成的优化与控制，同时兼具电气智能故障诊断、智能节电、总线通信等功能。动力域控制器是一种智能化的动力总成管理单元，借助 CAN/FlexRay 实现变速箱管理、引擎管理、电池监控、交流发电机调节。其优势在于为多种动力系统单元（内燃机、电动机、发电机、电池、变速箱）计算和分配扭矩。未来，动力域有望集成热管理系统，实现动力系统性能的进一步提升。

第 3 章

域控制器的硬件架构与设计

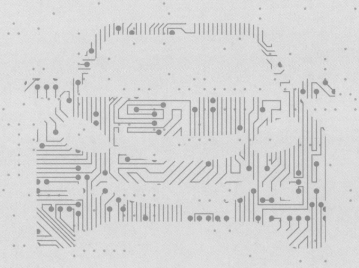

域控制器的发展，一方面是由于整车车载电子的发展需要，域控架构能够大大优化整车电子电气线路，同时也能够将传感与处理分开，传感器与 ECU 不再是一对一的关系，管理起来比较容易。另一方面可以适当地将 ECU 集成化，减少 ECU 的数量，平台的可扩展性也会更好。将 ECU 集中化，车辆通信线束也将大幅减少，整车零部件成本的下降显而易见。

在分布式的架构中，所有的功能紧密交互，难以管理系统的复杂性和实时性，域控架构的目的是将分散的控制链路整合到单个大型 ECU 中，如图 3-1 所示。例如，在新能源车上，将整车控制器、电池管理系统、电机控制器整合至一个控制器中。

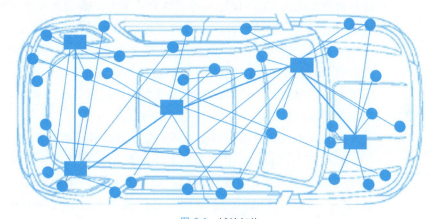

图 3-1　域控架构

区域（Zonal）架构是将来自多个域的多个 ECU 进行整合，并减少整车线束的数量，如图 3-2 所示，线束数量的减少有望减轻车辆的重

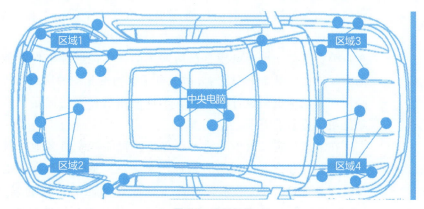

图 3-2　区域架构

量和降低线束的复杂性，重量的减轻可以提升纯电车型的续航里程。对于车辆中众多的 ECU，可以根据实际情况，选择使用域架构还是区域架构，充分利用两种架构的优势。

3.1 域控制器集成化架构的背景

（1）汽车功能数量的逐渐增加与复杂化

当汽车需要增加新功能时，以往的解决方案往往是额外增加一个负责相应功能的 ECU 模块与电路线束。如今，随着汽车电子化程度越来越高，尤其是自动驾驶、主动安全等功能的增加，汽车的 ECU 数量急速增加，一辆汽车中的 ECU 数量有 50～70 个，一些功能更加复杂的豪华轿车，ECU 数量早就已经破百。如此多的 ECU 交错，不仅带来了复杂的线束设计，逻辑控制也十分混杂。通过不断增加 ECU 数量来为汽车增加新功能的方法是不可持续的。

（2）未来汽车对高速数据处理和复杂软件算法的需求

域控制器技术是未来汽车发展不可抗拒的趋势，也是未来汽车能够顺应各种技术潮流的硬件基础。随着人们对汽车面向安全、娱乐等复杂功能的需求的增加，未来汽车必须拥有更高的数据处理和运算能力。当汽车逐渐向着大型移动智能终端发展时，就必须使得汽车像智能手机那样，不断升级换代，通过更强的计算能力和更好的软件算法来满足所需的新特性、新功能。

没有足够的计算能力来满足运算数据不断增长的要求，车载网络也就无法支持高速的数据传输需求。相较于手机、平板电脑等设备，汽车的使用周期长得多，随着各大车企推出功能越来越丰富多样的汽车，消费者往往也会希望自己所购买的汽车能够拥有像智能手机那样的升级能力。基于 ECU 的分散式电子架构汽车中的所有特性和功能都必须在车辆推出前设计和实现，车辆使用后将无法满足消费者对汽车功能快速更新的需求。

在"软件定义汽车"的大趋势下，智能汽车更多地依赖于硬核的高配置硬件和强大的软实力软件，来满足一辆智能汽车所需要的软硬结合部分。OTA 技术正是对汽车软硬件功能的一种远程升级技术，OTA 更新可以用来提供新的汽车功能，优化汽车软件系统，修补汽车功能漏洞，提升整体的驾驶体验。OTA 具备减少召回成本、快速响应安全需求、提升用户体验的优势，成为未来智能化汽车时代的必然选择。

为了实现所有这些目标，我们需要更高的计算能力、嵌入式内存容量和连接带宽，而只有使用域控制器架构的汽车才能满足所需的硬件要求。

（3）车载 SoC 成本的降低

随着汽车智能化的推进，英伟达、高通、MTK 等手机芯片厂家也开始进入车用市场。在电子产业摩尔定律的影响下，高性能的汽车 SoC 芯片的价格随着技术进步和大规模量产将会进一步下降，越来越接近传统 MCU 的价格，这也是汽车制造商使用具有集成功能的域控制器（图 3-3）的原因之一。

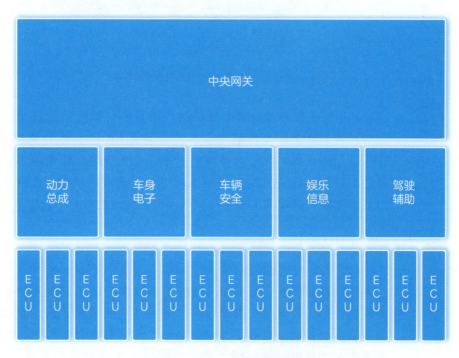

图 3-3 汽车域控制器架构示例

3.2 域控制器硬件

域控制器为整车电子电气架构从分布式向域集中式转变的软硬结合的增量零部件,实现对区域功能的集中控制,硬件部分(图3-4)包括主控芯片(MCU 和 SoC)、PCB(印刷电路板)以及其他组件。

图 3-4 域控制器硬件构成

其中,主控芯片为整个域控制器的核心,智能座舱域及智能驾驶域等对算力要求较高的域主控芯片普遍为 MCU 芯片与集成了 CPU、GPU、DSP(数字信号处理器)、NPU(神经网络处理单元)、内存、各种 I/O(输入/输出)接口的 SoC 芯片,而底盘域以及车身域等对算力要求不高的域,其主控芯片仍然多为较传统的 MCU 芯片。

3.2.1 汽车传感器技术概述

(1)汽车传感器的定义

传感器是一种检测装置,能感受到被测量的信息,并能将感受到的信息,按一定规律变换成为电信号或其他所需形式的信息输出,以满足信息的传输、处理、存储、显示、记录和控制等要求。汽车传感器是汽车计算机系统的输入装置,它把汽车运行中的各种工况信息,如车速、各种介质的温度、发动机运转工况等,转化成电信号传输给计算机,进行处理和控制,以便汽车处于最佳工作状态。

(2)汽车传感器的特点

① 适应性强,耐恶劣环境。汽车的工作环境恶劣,包括极寒、极

热、高海拔等行驶情况,因此,要求汽车传感器具有极强的环境适应性,要能在这些特殊环境下正常工作。另外,汽车传感器还应具有很好的密封性、耐潮湿性、耐腐蚀性等。

② 抗干扰能力强。汽车传感器除了能够适应外界恶劣环境之外,也要能够抵抗来自汽车内部的各种干扰。例如,安装在发动机中的传感器,其在工作过程中要承受发动机的高温、高压、腐蚀等多种因素,同时还要抵抗各种频率的振动。在工作过程中,汽车传感器还需抵抗其他电磁波干扰、高压脉冲等因素。因此,要求汽车传感器必须具有较强的抗干扰能力。

③ 稳定性和可靠性高。汽车传感器特性对汽车电子控制系统有非常大的影响,汽车的设计使用寿命一般在 10 年以上,汽车传感器必须具有高稳定性和高可靠性。

④ 性价比高,适合大批量生产。随着汽车电气化、智能化、网络化、无人化的发展,汽车所用传感器越来越多,可达数百甚至上千个,这就要求汽车传感器必须具有较高的性价比,否则难以大批量推广使用。

(3) 汽车传感器的分类

汽车传感器按测量对象可以分为温度传感器、压力传感器、流量传感器、气体浓度传感器、位置传感器、转速传感器、加速度传感器、距离传感器等。

① 温度传感器。温度传感器主要用于测量发动机温度、吸入气体温度、冷却水温度、燃油温度、环境温度等。

② 压力传感器。压力传感器主要用于测量气缸负压、大气压、涡轮发动机升压比、气缸内压、油压等。

③ 流量传感器。流量传感器主要用于测量发动机空气流量和燃料流量等。

④ 气体浓度传感器。气体浓度传感器主要用于测量车辆内气体和废气排放等。

⑤ 位置传感器。位置传感器主要用于测量曲轴转角、节气门开度、制动踏板位置、车辆位置等。

⑥ 转速传感器。转速传感器主要用于测量发动机转速、车轮转速和行驶车速等。

⑦ 加速度传感器。加速度传感器主要用于测量纵向加速度、横向

加速度和垂直加速度等。

⑧ 距离传感器。距离传感器主要用于测量汽车行驶的距离以及汽车至障碍物之间的距离等。

3.2.2 超声波传感器

(1) 超声波传感器的定义

超声波是振动频率高于20kHz的机械波。超声波传感器是根据多普勒效应，将超声波信号转换成其他能量信号（通常是电信号）的传感器。

(2) 超声波传感器的特点

① 超声波的传播速度仅为光波的百万分之一，并且指向性强，能量消耗缓慢，因此可以直接测量较近目标的距离，一般测量距离小于10m。

② 超声波对色彩、光照度不敏感，可适用于识别透明、半透明及漫反射差的物体。

③ 超声波对外界光线和电磁场不敏感，可用于黑暗、有灰尘或烟雾、电磁干扰强、有毒等恶劣环境中。

④ 超声波传感器结构简单，体积小，成本低，信息处理简单可靠，易于小型化与集成化，并且可以进行实时控制。

(3) 超声波传感器的一般结构

超声波传感器的结构如图3-5所示。超声波传感器一般采用双晶振子（压电晶片），即把双压电陶瓷片以相反极化方向粘在一起。在双晶振子的两面涂覆薄膜电极，上面用引线通过金属板（振动板）接到一个电极端，下面用引线直接接到另一个电极端。双晶振子为正方形，正方形的左右两边由圆弧形凸起部分支承着，这两处的交点就成为振子振动的节点。金属板的中心有圆锥形振子，发送超声波时，圆锥形振子有较强的方向性，因而能高效地发送超声波；接收超声波时，超声波的振动集中于振子的中心，所以能产生高效率的高频电压。超声波传感器采用金属或塑料外壳，其顶部有屏蔽栅。

(4) 超声波传感器的测距原理

最常用的超声测距的方法是回声探测法，超声波发射器向某一方向发射超声波，在发射的同时计时器开始计时，超声波在空气中传播，途中碰到障碍物阻挡就立即反射回来，超声波接收器收到反射回的超

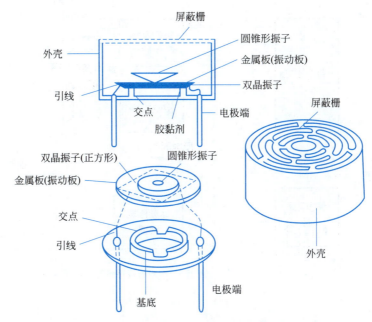

图 3-5 超声波传感器的一般结构示意图

声波就立即停止计时。超声波在空气中的传播速度为 340m/s，根据计时器记录的时间 t，就可以计算出发射点距障碍物的距离 S，其计算公式如下：

$$S = 340t/2 \qquad (3-1)$$

当前汽车上较为常用的是压电式超声波传感器，其关键部件配有塑料或金属外壳的压电晶片，用两根导线与控制器相连。在传感器内部有两个压电晶片和一个共振板，当共振板接收到超声波的回波时，引起压电晶片振动，其将机械波转换成电信号。控制器通过振荡电路向压电晶片输送一定频率的脉冲信号，压电晶片产生共振，并带动共振板振动，于是便产生超声波。在超声波传感器向某一方向发射超声波的同时，计时电路开始计时，超声波在空气中传播，途中遇到障碍物后立即反射回来，超声波接收器接收到反射波后立即停止计时。系统根据计时器记录的时间，经过逻辑电路的处理运算，就能够计算出超声波传感器发射点与障碍物之间的距离。超声波传感器的工作原理如图 3-6 所示。

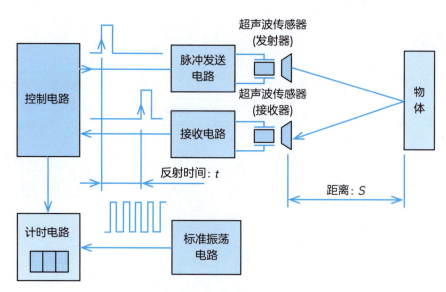

图 3-6　超声波传感器的工作原理

3.2.3　毫米波雷达

（1）毫米波雷达的定义

毫米波雷达是指工作频率介于微波和光之间，在 30～300GHz 频域（波长为 1～10mm，即 1mm 波段）的雷达。

（2）毫米波雷达的优势

① 小天线口径、窄波束。高跟踪和引导精度易于进行低仰角跟踪，抗地面多径和杂波干扰；对近空目标具有高横向分辨力；对区域成像和目标监视具备高角分辨率；具有窄波束的高抗干扰性能；高天线增益；易检测小目标，包括电力线、电杆和子弹等。

② 大带宽。具有高信息速率，容易采用窄脉冲或宽带调频信号获得目标的细节结构特征；具有宽的扩谱能力，减少多径、杂波并增强抗干扰能力；采用相邻频率的雷达或毫米波识别器，易克服相互干扰；高距离分辨力，易得到精确的目标跟踪和识别能力。

③ 高多普勒频率。对慢目标和振动目标具有良好的检测和识别能力；易于利用目标多普勒频率特性进行目标特征识别；对干性大气污染的穿透特性，使其在尘埃、烟尘和干雪条件下具备良好检测能力。

④ 快速的响应速度。毫米波的传播速度与光速一样，并且其调制简单，配合高速信号处理系统，可以快速地测量出目标的角度、距离、

速度等信息。

⑤ 环境适应性强。毫米波具有很强的穿透能力,在雨、雪、大雾等恶劣天气依然可以正常工作,由于其天线属于微波天线,相比于光波天线,它在大雨及轻微上霜的情况下依然可以正常工作。

⑥ 抗干扰能力强。毫米波雷达一般工作在高频段,而周围的噪声和干扰处于中低频段,基本上不会影响毫米波雷达的正常运行,因此,毫米波雷达具有抗低频干扰特性。

(3) 毫米波雷达的结构

毫米波雷达一般由前端单片微波集成电路(MMIC)、雷达天线高频 PCB、雷达整流罩、主体等组成,其结构如图 3-7 所示。

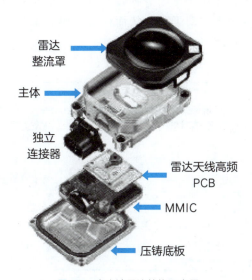

图 3-7 毫米波雷达结构示意图

① 前端单片微波集成电路(MMIC)。它包括多种功能电路,如低噪声放大器(LNA)、功率放大器、混频器、收发系统等,具有电路损耗小、噪声低、频带宽、动态范围大、功率大、附加效率高、抗电磁辐射能力强等特点。

② 雷达天线高频 PCB。毫米波雷达天线的主流方案是微带阵列,将高频 PCB 集成在普通的 PCB 上实现天线的功能,需要在较小的集成空间中保持天线足够的信号强度。77GHz 雷达需更高规格的高频 PCB,77GHz 雷达的大范围运用将带来相应高频 PCB 的巨大需求。

③ 雷达整流罩。雷达整流罩的主要功能是允许雷达波束穿透以及保护雷达天线装置，一般使用透波性较好的非金属复合材料。

④ 主体及压铸底板。主体及压铸底板的主要功能是对雷达内部器件进行保护，一般使用铝合金材料进行轻量化设计。

(4) 毫米波雷达的工作过程

毫米波雷达的工作过程是通过天线向外发射毫米波，接收机接收目标反射信号，经信号处理器处理后快速准确地获取汽车周围的环境信息，如车辆与其他物体之间的相对距离、相对速度、角度、行驶方向等。然后，根据所探知的物体信息进行目标追踪和识别，融合车身动态信息，通过中央处理单元进行处理。经运算决策后，通过报警装置以声、光及触觉等多种方式告知驾驶员，或通过控制执行装置及时对车辆做出主动干预，从而保证车辆行驶的安全性和舒适性，减少事故发生概率。其工作过程如图3-8所示。

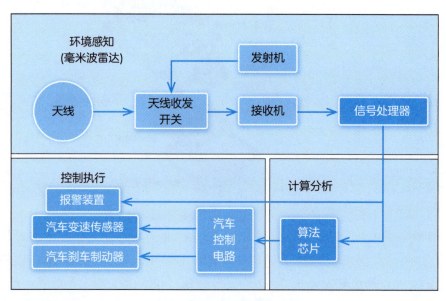

图3-8 毫米波雷达的工作过程

3.2.4 激光雷达

(1) 激光雷达的定义

激光雷达是一种用激光器作为发射光源，采用光电探测技术手段的主动遥感设备。其功能包含搜索和发现目标、测量其距离、速度、角位置等运动参数，测量目标反射率、散射截面和形状等特征参数。

激光雷达根据扫描机构的不同，有二维和三维两种，它们大部分都是靠旋转的反射镜将激光发射出去，并通过测量发射光和接收到从障碍物表面反射的光之间的时间差来测距。三维激光雷达的反射镜还附加一定范围内的俯仰功能，以达到面扫描的效果。

二维激光雷达和三维激光雷达在先进驾驶辅助系统上得到了广泛应用。与三维激光雷达相比，二维激光雷达只在一个平面上扫描，结构简单，测距速度快，系统稳定可靠；但二维激光雷达用于地形复杂、路面高低不平的环境时，由于它只能在一个平面上进行单线扫描，故不可避免会出现数据失真和虚报的现象。同时，由于数据量有限，用单个二维激光雷达也无法完成越野环境下的地形重构。

(2) 激光雷达的特点

① 分辨率高。激光雷达可以获得极高的角度、距离和速度分辨率。通常角分辨率不低于 0.1mrad（1mrad＝0.0573°），可以分辨 3km 距离上相距 0.3m 的两个目标，并可同时跟踪多个目标，距离分辨率可达 0.1m，速度分辨率能达到 10m/s 以内。距离和速度分辨率高，意味着可以利用多普勒成像技术来获得目标的清晰图像。分辨率高是激光雷达最显著的优点。

② 隐蔽性好、抗有源干扰能力强。激光直线传播、方向性好、光束非常窄，只有在其传播路径上才能接收到，因此，敌方截获非常困难，且激光雷达的发射系统（发射望远镜）口径很小，可接收区域窄，有意发射的激光干扰信号进入接收机的概率极低。另外，与微波雷达易受自然界广泛存在的电磁波影响的情况不同，自然界中能对激光雷达起干扰作用的信号源不多，因此，激光雷达抗有源干扰的能力很强，适于工作在日益复杂和激烈的信息战环境中。

③ 低空探测性能好。微波雷达由于存在各种地物回波的影响，在低空存在有一定的盲区（无法探测的区域）。而对于激光雷达来说，只有被照射的目标才会产生反射，完全不存在地物回波的影响，因此可以"零高度"工作，低空探测性能较微波雷达强了许多。

④ 体积小、重量轻。普通微波雷达的体积庞大，整套系统质量以吨计，光天线口径就达几米甚至几十米。而激光雷达就要轻便、灵巧得多，发射望远镜的口径一般只有厘米级，整套系统的质量最小的只

有几十千克，架设、拆收都很简便。而且，激光雷达的结构相对简单，维修方便，操纵容易，价格也较低。

（3）激光雷达的结构组成

激光雷达主要由激光发射系统、激光接收系统、信息处理系统和扫描系统四部分组成，其结构如图3-9所示。

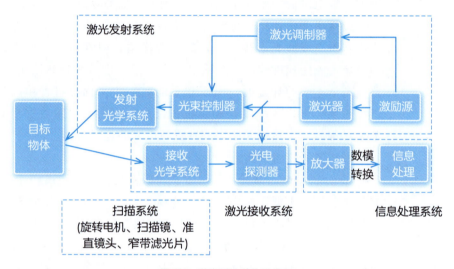

图 3-9　激光雷达结构示意图

① 激光发射系统。激光发射系统的激励源周期性地驱动激光器，发射激光脉冲，利用激光调制器通过光束控制器控制发射激光的方向和线数，最后通过发射光学系统将激光发射至目标物体。

② 激光接收系统。激光接收系统经接收光学系统、光电探测器接收目标物体反射回来的激光，产生接收信号。

③ 信息处理系统。信息处理系统将接收信号经过放大处理和数模转换后，由信息处理模块计算，获取目标表面形态、物理属性等特征，最终建立物体模型。

④ 扫描系统。扫描系统以稳定的转速旋转起来，实现对所在平面的扫描，并产生实时的平面图信息。

（4）激光雷达的工作原理

激光雷达的工作原理与微波雷达非常相近，以激光作为信号源，由激光器发射出的脉冲激光，打到地面的树木、道路、桥梁和建筑物上，引起散射，一部分光波会反射到激光雷达的接收器上，根据激光测距原理计算,就得到从激光雷达到目标点的距离。脉冲激光不断地扫描目标物,就可以得到目标物上全部目标点的数据,用此数据进行成像处理后,就可得到精确的三维立体图像。

在激光雷达前端有一个光学发射和光学接收系统,在发射系统后端有 N 组发射模块,在接收系统后端也有 N 组与发射模块对应的接收模块。当激光雷达开始工作时,N 组发射模块和 N 组接收模块在系统电路的精确控制下,按照一定的时间顺序轮流工作,发射和接收激光束。编码器是一种用于运动控制的传感器,它利用光电、电磁、电感等原理,检测物体的机械位置及其变化,并将此信息转换为电信号作为运动控制的反馈,传递给各种运动控制装置。光学旋转编码器属于编码器中较为特殊的一种,它通过光电转换,可将输出轴的角位移、角速度等机械量转换成相应的电脉冲以数字量输出,可以精确地测试电机角位移和旋转位置。旋转电机带动扫描镜按照一定的顺序和速度旋转,将激光器发出的激光束发射出去,然后反射回来的激光束通过光学接收系统进行处理计算,这样就可以形成光学扫描。其工作原理如图 3-10 所示。

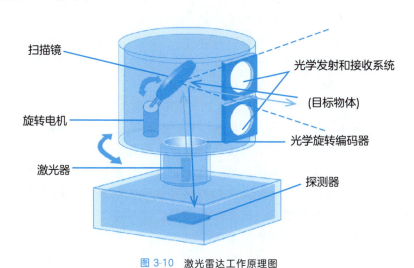

图 3-10 激光雷达工作原理图

3.2.5 视觉传感器

(1) 视觉传感器的定义

视觉传感器俗称摄像头,是指利用光学元件和成像装置获取外部环境图像信息的仪器。通常用图像分辨率来描述视觉传感器的性能，视觉传感器的精度与分辨率、被测物体的检测距离相关，被测物体距离越远，其绝对的位置精度越差。

车载视觉传感器用来模拟人的视觉系统，通过对采集的图片或视频进行处理，获得相应场景的三维信息，以此来理解外界的环境和控制车辆自身的运动。车辆上安装视觉传感器的目的是用摄像头代替人眼，解决物体的识别、形状与方位确认、运动轨迹判断三大问题。

在行车过程中，驾驶员获取的绝大部分信息来自视觉，如路面状况、交通标志标线、交通灯信号、障碍物等。基于视觉技术的交通标志检测、道路检测、行人检测和障碍物检测的车辆驾驶辅助系统能够降低驾驶员劳动强度，提高行驶安全。驾驶辅助系统在为驾驶员提供决策建议的过程中，使用了大量的视觉信息数据，视觉图像具有其他传感器传达的信息无法比拟的优势。车载摄像头对于智能驾驶功能必不可少，是实现ADAS（高级辅助驾驶系统）预警、识别类功能的基础。车载摄像头对可靠性的要求非常高，与普通摄像头监控系统不同，车载摄像头的工作时间长，且运行环境经常处于高频振动状态，因此车载摄像头的性能测试也非常严格。

（2）视觉传感器的分类

车载视觉传感器常按照芯片类型和镜头数目进行类别划分。

按芯片类型分类：

① CCD传感器。CCD是指电荷耦合器件，是一种用电荷量表示信号大小，用耦合方式传输信号的探测器件。它是一种特殊半导体器件，上面有很多一样的感光元件，每个感光元件称为一个像素。CCD在摄像头里类似于人的眼睛，起到将光线转换成电信号的作用，是一个极其重要的部件，其性能的好坏直接影响到摄像头的成像质量。其广泛应用于数码摄影、天文学等领域，尤其是光学遥测技术、光学与频谱望远镜和高速摄影技术。

② CMOS传感器。互补金属氧化物半导体（CMOS）是一种大规模应用于集成电路芯片制造的原料，和CCD一样，同为在扫描仪中可记录光线变化的半导体，如图3-11所示。CMOS感光器件将接收到的外界光线转换为电能，再透过芯片上的模数转换器将获得的影像信号转变为数字信号输出。CMOS的制造技术和一般计算机芯片没什么差别，主要是利用硅和锗这两种元素，使CMOS上共存着N（带负电）

和 P（带正电）型半导体，这两种半导体的互补效应所产生的电流即可被芯片记录和解读成影像。

CCD 和 CMOS 传感器是目前普遍采用的图像传感器，两者都是利用感光二极管进行光电转换，把图像转换成数字信号，主要差异是数据的传输方式不同。在 CCD 传感器中，每一行每一个像素的电荷数据都是依次传送到下一个像素中，从最底部输出，再经过传感器边缘的放大器放大输出。而在 CMOS 传感器中，当数据的传送距离较长时会产生噪声，因此需要先放大信号，然后再整合各个像素的数据。在每一个像素旁都接有一个放大器及 A/D 转换（模数转换）电路，用类似于内存电路的方式输出数据。

按镜头数目分类：

① 单目摄像头。安装单目摄像头（图 3-12）进行图像采集的技术称为单目视觉技术，一般只能获取到二维图像。单目视觉技术广泛应用于智能机器人领域。然而，由于该技术受限于图像精度较低以及数据稳定性的问题，因此，需要和超声波、红外线等其他类型的传感器协同工作。

图 3-11　互补金属氧化物半导体（CMOS）

图 3-12　单目摄像头实物图

② 双目摄像头。模拟人类双眼处理环境信息的方式，通过双目摄像头（图 3-13）从外界采集一幅或者多幅不同视角的图像，从而建立被测物体的三维坐标的技术称为双目视觉技术。双目视觉技术大致分为机械臂视觉控制、移动机器人视觉控制、无人机无人船视觉控制等。

图 3-13 双目摄像头实物图

③ 三目摄像头。三目摄像头（图 3-14）除了包含单目摄像头功能，还加上了一个长焦摄像头负责远距离探测和一个鱼眼摄像头负责增强近距离范围的探测能力，使视野更为广阔。特斯拉电动汽车采用的三目摄像头模块包含：一个 120°的广角摄像头，用于监测车辆周围环境，探测距离 60m 左右；一个 50°的中距摄像头，探测距离 150m 左右；一个 35°的远距摄像头，探测距离 250m 左右。

图 3-14 三目摄像头实物图

（3）视觉传感器的结构及车载视觉系统工作原理

视觉传感器主要由光源、镜头、图像传感器、模数转换器、图像处理器、图像存储器等组成，其结构如图 3-15 所示。

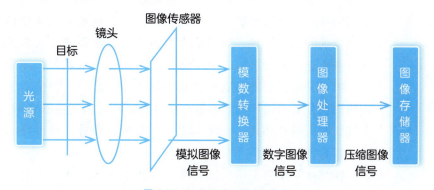

图 3-15　视觉传感器基本结构图

车载视觉系统是能够让汽车具备视觉感知功能的系统，其工作原理如图 3-16 所示，利用视觉传感器获取周边环境的图像，并通过视觉处理器进行图像的分析和理解，进而转换为相应的定义符号，使汽车能够辨识并确认物体位置及各种状态。被拍摄的物体经过视觉传感器的镜头聚焦到视觉传感器上面，视觉传感器由多个 X-Y 纵横排列的像素点组成，每个像素点都由一个光电二极管及相关电路组成。光电二极管将拍摄到的光线转变成对应的电荷，在相关电路的控制下逐点输出，经放大、A/D 转换，然后形成数字视频信号输出，通过显示设备

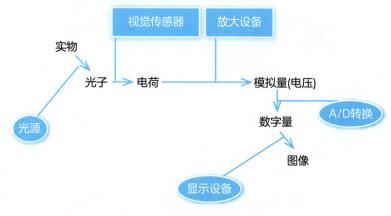

图 3-16　车载视觉系统工作原理图

还原后,就可以看到和拍摄场景一样的图像了。

3.2.6 GPS/DR 组合定位技术介绍

车辆航位推算法(Dead Reckoning,DR)是一种常用的自主式车辆定位技术,利用车辆某一时刻的位置,根据航向和速度信息,推算得到当前时刻的位置,即根据实测的汽车行驶距离和航向计算其位置和行驶轨迹。相对于 GPS 系统,它不用发射接收信号,不受电磁波影响,机动灵活,只要车辆能达到的地方都能定位。但是由于这种定位方法的误差随时间推移而发散,所以只能在短时间内获得较高的精度,不宜长时间单独使用。为了弥补 DR 系统的短板,可以将 GPS 与 DR 进行组合使用。

GPS/DR 组合定位系统主要由 GPS 传感器、电子罗盘、里程计组成。GPS 负责检测智能汽车所在位置的绝对经度、纬度以及海拔高度,电子罗盘作为航向传感器感知汽车的航向,里程计可作为速度传感器测量汽车单位时间内行驶的里程。导航计算单元负责采集各传感器的数据并进行轨迹推算、GPS 坐标变化以及数据处理,并且通过数据融合算法估算出汽车的动态位置。车辆定位过程如图 3-17 所示。

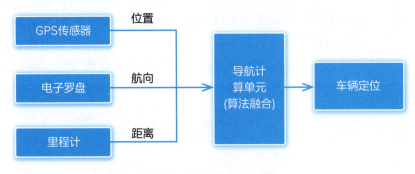

图 3-17 车辆定位过程示意图

3.2.7 惯性测量单元(IMU)结构原理与应用

(1)惯性测量单元的定义

惯性测量单元(Inertial Measurement Unit,IMU)是测量物体姿态角(或角速度)以及加速度的装置。一般地,一个 IMU 包含了三个单轴的加速度计和三个单轴的陀螺,加速度计检测物体在载体坐标系统中的加速度信号，而陀螺检测载体相对于导航坐标系的角速度信号。通过测量物体在三维空间中的角速度和加速度，解算出物体的姿态。惯性测量单元如图 3-18 所示。

(2) 惯性测量单元的技术特点

惯性测量单元的优点有：

① 只用内部传感器就可以得到测量数据，而不需要任何外界帮助。

图 3-18　惯性测量单元实物图

② 惯性测量单元的测量输出能与计算机的采样计算同步。

③ 高采样率和运算速度可实现很短的时延，更新频率高，工作频率可以达到 100Hz 以上。

④ 短时间内的推算精度高，不会有太大的误差。

惯性测量单元的缺点有：

① 具有足够精度的惯性传感器很昂贵。

② 惯性测量单元的系统初始化时间较长。

③ 即使惯性测量单元的初始化估计精度很高，但当包含漂移和噪声的惯性测量数据积分求解导航状态时，仍会有误差积累。

(3) 惯性测量单元的工作原理

惯性测量单元属于捷联式惯性导航，该部件通过 A/D 转换器采集 IMU 各传感器的模拟变量，转换为数字信息后经过 CPU 计算，最后输出汽车的俯仰角度、倾斜角度与侧滑角度，存储器主要存储 IMU 各传感器的线性曲线图与 IMU 各传感器的件号与序号。IMU 在刚开机时，CPU 读取内存的线性曲线参数，为后续角度计算提供初始信息。

(4) GPS/IMU 组合定位技术介绍

在智能汽车中，GPS 已经成为行车定位必不可少的技术。但 GPS 也有它本身劣势，如信号差、有误差、更新频率低等问题，所以仅靠 GPS 无法满足智能汽车自动驾驶的定位需求，此时需要使用 GPS/IMU 的解决方案来实现定位。IMU 拥有更高的更新频率，而且不受信号影响，可以很好地与 GPS 形成互补。GPS/IMU 组合定位系统结构如图 3-19 所示。

GPS/IMU 组合定位系统通过高达 100Hz 更新频率的全球定位和惯性数据，可以帮助智能汽车自动驾驶完成定位。GPS 是一个相对准确的定

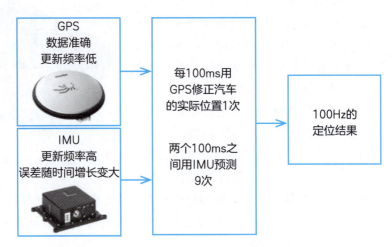

图 3-19　GPS/IMU 组合定位系统结构图

位用传感器，但是它的更新频率过低，仅有 10Hz，不足以提供足够实时的位置更新。IMU 的更新频率可以达到 100Hz 或者更高，通过整合 GPS 与 IMU 可以为车辆定位提供既准确又足够实时的位置更新。

在智能汽车的自动驾驶系统中，当车道线识别模块失效时，利用失效之前感知到的道路信息和 IMU 对汽车轨迹进行推演，仍然能够让汽车继续在车道内行驶。例如在隧道中，导航系统经常因为信号不好无法使用，此时 IMU 就可以增强 GPS 的导航能力。

GPS 和 IMU 组合是为了融合 IMU 的航向速度、角速度和加速度信息，来提高 GPS 的精度和抗干扰能力。GPS 只提供位置信息，IMU 还可以提供航向姿态信息，该信息不但可以用于车辆定位，还可用于车辆动力学控制。此外，根据 IMU 提供的信息，控制单元可以非常敏锐地实时监测到车辆姿态的变化，可以更精准地识别一些比较复杂的路况信息。

3.2.8　4D 毫米波雷达

（1）传统毫米波雷达的应用、不足和 4D 毫米波雷达的优缺点

毫米波雷达在汽车上的应用比较多，如 AEB（自动紧急制动）、FCW（前碰撞预警）、BSD（盲点监测）等，特别是自动紧急制动功能。根据相关数据分析显示，自动紧急制动功能可以做到提前预警，

显著降低车祸致死率；另外，自动紧急制动功能可以有效降低碰撞后的伤害程度，及时进行前方碰撞预警，有效感知车外的环境，进行静态、动态的识别，降低汽车事故频率等。

目前，毫米波雷达主要应用在 L3 以下的自动驾驶，但在一些特定场景，如景区无人巴士，也可实现 L3 以上自动驾驶应用。传统毫米波雷达的优点有：分辨率高，尺寸小；干扰小，频率高、波长短，探测稳定性高；可以直接测量距离和速度信息；可以轻易穿透灰尘和雨水，在恶劣气候下仍然具备较强工作能力。传统毫米波雷达的缺点有：覆盖区域成扇形，有盲点区域；金属物体反射不佳；难以得到 3D 点云。传统毫米波雷达和 4D 毫米波雷达前端覆盖距离、角度、事物等对比如图 3-20 所示。图中，传统毫米波雷达包含传统短距离、中距离、长距离毫米波雷达，它们组合起来分别检测车辆前端覆盖距离、角度、目标等，短距离毫米波雷达检测角度为正前方 80°、距离为 30m，中距离毫米波雷达检测角度为正前方 60°、距离为 60m，长距离毫米波雷达检测角度为正前方 18°、距离为 200m，长距离对于细小物体检测不敏感；4D 毫米波雷达对于同样路段进行检测，可以检测角度为正前方 100°、距离为 300m，对于同样路段细小物体，如自行车、摩托车等，都能够进行检测。相比较而言，4D 毫米波雷达除了具备传统毫米波雷达优点

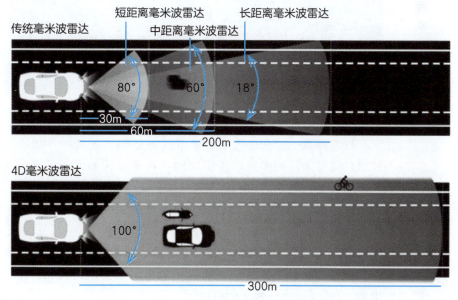

图 3-20　传统毫米波雷达和 4D 毫米波雷达前端覆盖距离、角度、事物等对比图

外,还具备测高能力,具有更高分辨率、更广视场角、更长探测距离,能够赋予机器学习能力。其缺点主要是目前量产准备不足。

(2) 4D 毫米波雷达技术路线及方案

毫米波雷达利用了 FMCW(调频连续波),其基本工作原理是通过天线发送电磁波,再通过目标反射回来,实现对目标的检测。4D 毫米波雷达在传统的毫米波雷达的技术基础上结合现在的技术手段进行了深入的系统、算法等方面的优化,克服了传统毫米波雷达的一些明显缺点,如全天候、距离不远、精度不高等。同时,4D 毫米波雷达存在与激光雷达相似的缺点,如采集的数据量过大而难以处理、成本昂贵等。表 3-1 是 4D 毫米波雷达与激光雷达的主要性能对比,从表中性能对比指标可以看出,4D 毫米波雷达能够达到设计初衷,能够更好地满足智能汽车对感知系统的要求。

表 3-1　4D 毫米波雷达与激光雷达的主要性能对比

项目	4D 毫米波雷达	激光雷达
测距/测速	纵向精度高,横向精度低	精度高
行人、物体识别	易识别	易识别
道路标线、交通信号	无法识别	无法识别
恶劣天气(雨、雪、雾等)	不受影响	易受影响
光照	不受影响	不受影响
电磁干扰/电磁屏蔽	易受影响	不受影响
算法、技术成熟度	较高	门槛高
成本	较高	高

下面介绍常见的 4D 毫米波雷达的实现技术路线:

技术路线一:在传统毫米波雷达的基础工艺之上,加入不同的芯片组,通过天线的串并联等实现同一物理结构的天线,组合实现多个天线的功能。图 3-21 的 4D 毫米波雷达芯片级联示意图中(a)部分的天线红外线发射信号 1、红外线发射信号 2、…、红外线发射信号 N 可以通过电力分配和梁表地址等,来实现图中(b)部分的天线 IC1、IC2、IC3、IC4 等的串联或并联等组合。将不同公司的 77G 和 79G 标准雷达芯片通过 2 级联/4 级联/8 级联来增加实体天线 MIMO(多进多出),以达到增加分辨率的目的。

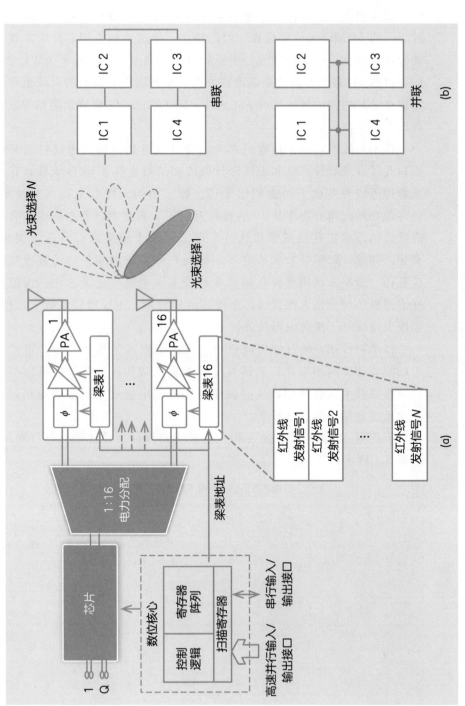

图 3-21 4D 毫米波雷达芯片级联示意图

技术路线二：在传统毫米波雷达的基础工艺之上，加入不同的芯片组，将MIMO天线集成在一颗芯片中，通过控制专用芯片来实现天线数量的增加，以达到增加分辨率的目的。典型案例是基于AWR2243的4级联4D毫米波雷达全套设计方案，此方案将最复杂的天线也考虑集成在芯片内，内嵌4-Element Series-Fed Patch（4级联馈电贴片）天线以实现更高分辨率。

技术路线三：基于现有的芯片，在级联方式基础上再通过独特的虚拟孔径成像软件算法和天线设计做成高倍数虚拟MIMO天线，在原来物理天线数基础上再虚拟出十倍、数十倍的天线数来提高分辨率，最终成功地把角分辨率从10°直接提升到1°。典型案例有傲酷虚拟孔径成像雷达，虚拟孔径成像雷达波形可以对每个载波进行自适应调频、调相、调幅，每根接收天线在不同时间产生不同的相位，形成虚拟天线孔径。傲酷雷达用虚拟孔径成像的技术（主流车规级芯片＋虚拟孔径成像算法＋独特天线设计）来提高角分辨率，不仅增强了抗干扰性，还极大地提升了横向纵向角分辨率。

技术路线四：通过使用超材料（表面上嵌入了显微结构，可实现电磁波滤波器的小型化）来研发全新的雷达架构，这些架构可以与电磁波传播技术结合使用，从而创建出比传统电路要小很多的电路，以增加天线数量，提高分辨率。

下面对4D毫米波雷达4种主要技术路线的主要优缺点进行对比，如表3-2所示。

表3-2　4D毫米波雷达4种技术路线的主要优缺点对比

特点	第一种	第二种	第三种	第四种
优点	多个低功率毫米波雷达芯片级联，显著提高了角分辨率和测距性能	显著提高了角分辨率和测距性能；尺寸小；功耗相对低	不再受物理天线数的局限，可极大提升角分辨率，随着算法的不断优化，虚拟倍数还可能进一步提升；抗干扰能力强；尺寸小、功耗低	创建出比传统电路要小很多的电路，显著提高了角分辨率和测距性能；尺寸小；功耗低
缺点	尺寸较大，成本、功耗高；天线之间互相干扰，信噪比较低	信噪比低	虚拟孔径成像算法的壁垒很高；帧率变慢，反应速度也变慢	受限于上游超材料供应链，基础较弱，该技术路线的商业化落地困难

上面介绍了 4D 毫米波雷达的技术方案和主要优点，那么 4D 毫米波雷达在智能汽车方面的应用场景及主要特点有：

高速路段：远距离，高功率，响应时间快，垂直角度小，水平角度大。

低速城市路段：近距离，低功率，响应时间快，垂直角度大，水平角度大。

转弯：近距离，低功率，响应时间快，垂直角度小，水平角度大。

上下坡：近距离，低功率，响应时间快，垂直角度大，水平角度小。

变道、超车、变速：近距离，低功率，响应时间快，垂直角度小，水平角度大。

泊车：近距离，低功率，响应时间慢，垂直角度小，水平角度大。

在 4D 毫米波雷达出厂后，还需对其进行标定测试和云端测试，包括云端大数据的场景应用。

3.2.9 执行器

汽车执行器的任务是根据控制器给出的控制指令完成规定的执行动作（如相应的力、位移等），以达到控制的目的。汽车的工况较为复杂，要求执行器在振动、冲击、干扰等环境下可靠工作。

汽车执行器按照工作原理可分为电气式、液压式、气动式。不同类型的执行机构的平均控制力密度不一样，适合应用的领域也不一样。其中液压缸、气压缸的平均力密度较大，适合需要较大执行力的领域，如制动。随着电子电气技术的进步，电动执行机构的应用越来越广泛。

汽车电动执行机构一般是电、磁、机械的变换器，是电机、电磁线圈等的平移和旋转执行机构。按照电压电流产生的效应不同可将执行机构分为磁能、电能、热能类执行机构。

（1）汽车控制用电机

汽车控制用电机要求体积小、重量轻、耗电少、可靠性高、精度高和响应快。目前主要类型有伺服电机和步进电机。伺服电机广泛用作汽车控制用电机，作为汽车电子控制系统中执行元件，将输入的电压信号变换成轴的角位移或角速度输出。输入的电压信号又称为控制信号或控制电压，改变控制电压可以改变伺服电机的转速和转向。

典型案例有 EPS（Electric Power Steering，电动助力转向）系统中的转向助力电机。EPS 系统是一种直接依靠电机提供辅助扭矩的动力转向系统，与传统的 HPS（Hydraulic Power Steering，液压助力转向）系统相比，EPS 系统具有很多优点。EPS 系统主要由扭矩传感器、车速传感器、电机、减速机构和电子控制单元（ECU）等组成。

(2) 电磁线圈类执行元件

电磁线圈类执行元件将电信号转换为直线运动。在汽车上的应用主要分为两种：①直接以电磁能为动力的方式，如用于控制电路中的继电器；②电磁阀，将电磁线圈置于管道中，通过柱塞的运动控制管道中气体或者流体的压力或流量。

3.2.10 运算器（CPU/GPU）

(1) CPU

CPU 核心是指具备控制和信息处理功能的核心电路。把一个 CPU 核心和相关辅助电路封装在一个芯片中，即为传统的单核心 CPU 芯片，简称单核 CPU。

把多个 CPU 核心和相关辅助电路封装在一个芯片中，即为多核心 CPU 芯片，简称多核 CPU。

汽车 CPU 是汽车中央处理器，是机器的"大脑"，也是布局谋略、发号施令、控制行动的"总司令官"。

CPU 的结构主要包括算术逻辑部件（Arithmetic and Logic Unit，ALU）、控制单元（Control Unit，CU）、寄存器（Register）、高速缓存器（Cache）和它们之间通信的数据、控制及状态的总线。

简单来说就是：计算单元、控制单元和存储单元。计算单元主要执行算术运算，存储单元主要保存数据以及指令等，控制单元则对指令译码。CPU 架构及其功能注释见图 3-22、图 3-23。

(2) GPU

GPU（图 3-24）叫作图形处理器，又称显示核心、视觉处理器、显示芯片。

目前，GPU 不但能够处理复杂的三维图形，还能作为协处理器，在通用计算中使用。

电脑图形处理器的发展是从图形显示适配器开始的，到图形加速器，再到图形处理器，即 GPU，其功能在不断增强。

图 3-22　CPU 架构

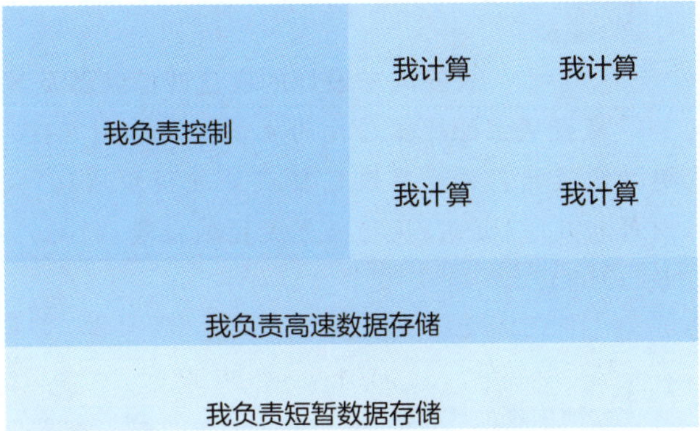

图 3-23　CPU 架构功能注释

图 3-24　GPU

(3) 芯片架构

汽车系统级芯片 SoC 的核心构成包括 CPU、GPU、AI 加速器和片上总线及互联。CPU 目前主要是 ARM 架构、x86 架构和 RISC-V 架构。ARM 架构占据绝大多数市场。

程序控制：控制程序中指令执行的顺序。

操作控制：产生指令执行所需的操作控制信号，以控制执行部件运行。

时序控制：控制每个操作控制信号的开始和持续时间。

数据加工：对数据进行运算，在相关部件间传送。

中断处理：及时响应内部异常和外部中断请求。

> 案例
>
> **长安汽车设计的底盘域控制器及其架构**
>
> 底盘域主处理器芯片的主要特征如图 3-25 所示，主处理器芯片的配置为：传感器数据集成处理模块（101）、车辆动力学集成计算模块（102）、执行器集成控制模块（103）和智能驾驶协同模块（104）。
>
>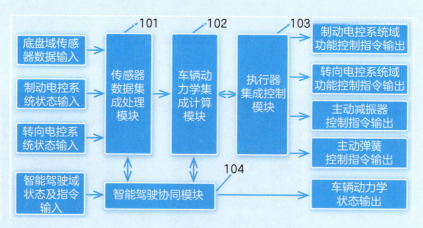
>
> 图 3-25 底盘域主处理器芯片的主要特征
>
> 传感器数据集成处理模块（101），用于接收传感器数据，集成处理各个传感器及其他控制器输入的车辆状态数据，包括数据转换、校验及判定。

车辆动力学集成计算模块（102），其内预设有至少一种整车动力学模型，所述整车动力学模型用于通过所述车辆状态数据计算出车辆本时间点的运动学及动力学状态，并预估后续时间段的运动学及动力学状态。该车辆动力学集成计算模块（102）与传感器数据集成处理模块（101）连接。

执行器集成控制模块（103），用于根据所述本时间点及后续时间段的车辆运动学及动力学状态集成控制至少两个执行器。该执行器集成控制模块（103）与车辆动力学集成计算模块（102）连接。

智能驾驶协同模块（104），用于接收智能驾驶域规划的行驶轨迹指令，对该轨迹进行评估优化，将优化后的轨迹转换为车辆动力学状态及目标传递给传感器数据集成处理模块（101）及车辆动力学集成计算模块（102）。该智能驾驶协同模块（104）分别与传感器数据集成处理模块（101）、车辆动力学集成计算模块（102）连接。

底盘域控制器主要结构如图 3-26 所示，包括主处理器芯片（105），以及分别与主处理器芯片（105）连接的安全处理器芯片

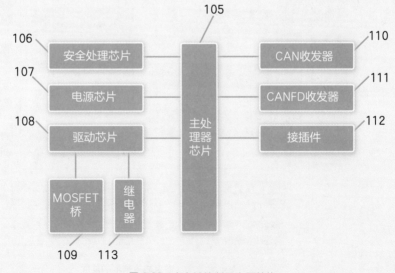

图 3-26　底盘域控制器主要结构

(106)、电源芯片（107）、驱动芯片（108）和通信接口（如 SPI 串行外设接口、CAN 接口、CANFD 接口、Ethernet 接口、蓝牙接口）。

底盘域控制器还包括：分别与主处理器芯片（105）连接的 CAN 收发器（110）、CANFD 收发器（111）和接插件（112），以及与驱动芯片（108）连接的 MOSFET（金属-氧化物-半导体场效晶体管）桥（109）和继电器（113）。

• 案例 •

某型号底盘域控制器的硬件设计

图 3-27 为一种汽车的底盘域控制器的硬件示意图。在本例中，底盘域控制器的芯片可以选用车规级多核控制器芯片，如英飞凌的芯片 TC29x 或者恩智浦的 MPC577xK，也可以选用满足实际需求的其他型号的芯片，此处不做具体限定。汽车底盘电控主程序直接在多核控制器芯片上运行，其中，双核锁步的芯片架构能够确保整个控制器系统的稳定运行。

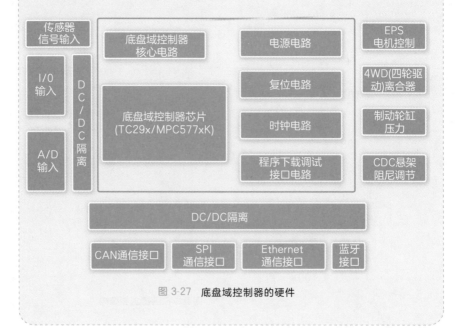

图 3-27　底盘域控制器的硬件

3.3 域控制器硬件架构

(1) 域控制器系统架构组成

智能汽车域控制器是智能汽车系统中重要的组成部分，需要兼容大量的多类型传感器。同时，系统还需要集成更多功能模块，具有接口丰富、算力高、集成化高等特点。现有的单一芯片架构是无法满足需求的，因此，智能汽车域控制器需要采用异构芯片的硬件方案，即在单板卡集成多种架构芯片。异构芯片硬件架构中 AI 芯片是重要的组成部分，目前，AI 芯片架构主要有 GPU、FPGA、ASIC 等。智能汽车域控制器系统架构主要包含基于异构多核芯片的硬件架构、智能汽车操作系统、基础软件框架和自动驾驶功能软件。

(2) CPU+GPU 异构模式

智能汽车域控制器是结合车辆线控平台和大量多类型外围传感器的核心部分，因此，车辆对于控制器的性能和接口有很高的要求。GPU 通用计算通常采用 CPU+GPU 异构模式，由 CPU 负责执行复杂逻辑处理和事务处理等不适合数据并行的计算，由 GPU 负责计算密集型的大规模数据并行计算。

CPU+GPU 异构模式如图 3-28 所示，其通用计算主要分为四步：GPU 从主存中复制需要处理的数据到 GPU 内存中；CPU 给 GPU 发出处理数据的过程的指令；GPU 的各个内核开始处理数据并将处理结果存在 GPU 内存中；GPU 再通过总线将 GPU 内存中的数据复制到计算机主存中。

图 3-28 CPU+GPU 异构模式

(3) 整车算力架构发展

随着云计算技术的发展，域控制器硬件计算能力相对云端计算而言是十分有限的。如图 3-29 所示，车载端可以通过 PC5（直连通信接口）与道路边缘设备连接，进行较强的道路边缘计算。如果算力还不够，车载端和道路设备可以通过 Uu（5G）将车辆信息传输到云端，经过云端超强计算后，将处理结果返回到车端。

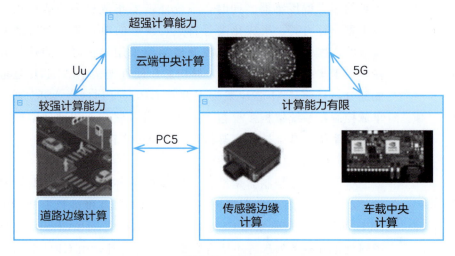

图 3-20　算力架构

> **案例**
>
> **特斯拉电动汽车 3.0 芯片**
>
> 如图 3-30 所示是特斯拉电动汽车 3.0 主芯片。该芯片由特斯拉自主研发设计，在封装里面包含着三种不同的处理单元：负责图形处理的 GPU、负责深度学习和预测的神经网络处理单元（NPU），还有负责通用数据处理的中央处理器（CPU）。特斯拉的自动驾驶系统是一种较为依赖摄像头数据的系统，所以芯片计算能力对于提升特斯拉电动汽车自动驾驶系统的性能是至关重要的。该芯片的中央处理器是 1 个 12 核的 ARM A72 架构的 64 位处理器，运行频率为 2.2GHz；图像处理器能够提供 0.6TFLOPS（即每秒所执行的浮点运算次数）计算能力，运行频率为 1GHz；2 个神经网络处理器运行在 2.2GHz 频率下，能提供 72TOPS 的

处理能力。为了提升神经网络处理器的内存存取速度以提升计算能力,每个 FSD(完全自动驾驶)芯片内部还集成了 32MB 高速缓存。

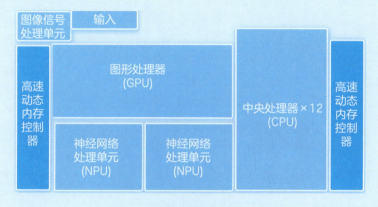

图 3-30　特斯拉电动汽车 3.0 芯片

第 4 章

域控制器的软件架构与设计

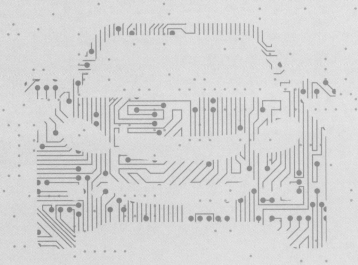

4.1 域控制器的主要软件

（1）AutoSAR 架构

AutoSAR 架构（图 4-1）在三个软件层之间的最高抽象级别上进行了区分：应用层、运行时环境、基础软件，如本书第 1 章图 1-7 所示。

应用层							
运行时环境							
系统服务	内存服务	加密服务	场外通信服务	通信服务	输入/输出硬件抽象	复杂设备驱动程序	BSW
机载设备抽象	内存硬件抽象	加密硬件抽象	无线通信软硬件抽象	通信硬件抽象			
微控制器驱动程序	内存驱动程序	加密驱动程序	无线通信驱动程序	通信驱动程序	输入/输出驱动器		
微控制器							

图 4-1 AutoSAR 架构

① 应用层。应用层是 AutoSAR 软件架构的最顶层，支持自定义功能实现。该层由特定的软件组件和许多应用程序组成，它们是一组相互连接的 AutoSAR 软件组件，并按照指令执行特定任务。

软件组件之间的通信是通过使用虚拟功能总线的特定端口实现的。这些端口还可以实现软件组件和 AutoSAR 基础软件（BSW）之间的通信。

② 运行时环境（RTE）。RTE 为应用软件组件提供独立于 ECU 的接口，提供通信服务。

③ AutoSAR 基础软件（BSW）。BSW 进一步分为：服务层、ECU 抽象层、微控制器抽象层（MCAL）和复杂设备驱动程序（CDD）层。每一层都有不同的功能模块，不同层之间的模块交互都是指定的。

微控制器抽象层（MCAL）是基础软件的最底层，这意味着其模块可以直接访问硬件资源。

ECU 抽象层为微控制器抽象层的驱动程序接口抽象,如通信、内存或 I/O,它还包含 ECU 内外部设备的驱动程序,并为各种外围硬件抽象。

复杂设备驱动程序(CDD)层满足操作复杂传感器和执行器所需的特殊功能和时序要求,提供集成特殊用途的可能性。该层由 AutoSAR 中未指定的设备驱动程序组成。

服务层是基础软件(BSW)的最顶层,它也适用于应用软件。它为应用软件提供了一个独立的微控制器(MCU)和 ECU 硬件接口。该层提供:操作系统功能、车联网通信及管理服务、内存服务(非易失性随机访问存储器管理)、诊断服务(统一诊断服务、错误处理、内存)、ECU 状态管理和模式管理、逻辑和时间程序流监控(WdgM)。

(2)AutoSAR 核心思想

AutoSAR 的核心思想如图 4-2 所示。

车厂在准备逻辑系统设计和物理系统设计时,AutoSAR 提供一个工具给车厂,车厂使用这个工具来进行设计工作。设计完成后,整个车辆的所有功能就被抽象出来了,这些功能就叫作 SWC。建模完成后,构造功能模块之间互相通信的通信矩阵,这个通信模型就叫作 COM。接下来把抽象的功能集成到 ECU 中,如某两个功能放到一个 ECU 中,某五个功能放到另一个 ECU 中,以此类推,整车所有的功能就分解到各个 ECU 中。

那么车厂是如何将这些信息给到 ECU 中的呢?不是通过书写一些文档来完成的,而是通过一个工具来完成的。这个工具使用的语言是标记语言,如 XML,在 AutoSAR 中叫作 ARXML。接下来就可以把需求输入到 ECU 中,当前的 ECU 就可以参照 ARXML 进行设计,如几路通信、几路 CAN、几路 ETH 等。框架建立好之后,把这套模型放到 MATLAB 中,MATLAB 会把里面具体的功能全部实现。MATLAB 的实现即功能的实现,仅限于上层的实现,也就是把应用都做好了。这些应用要安装到一个操作系统上,应用之间的通信需要一些中间件的支持,这一套中间件就叫作基础软件,也叫作操作系统,或操作系统和中间件。这个基础软件不是固定的,而是可以配置的,根据不同的 ECU 和功能,进行相应的配置,即基础软件配置。基于以上的操作,一个 ECU 就开发完成了。

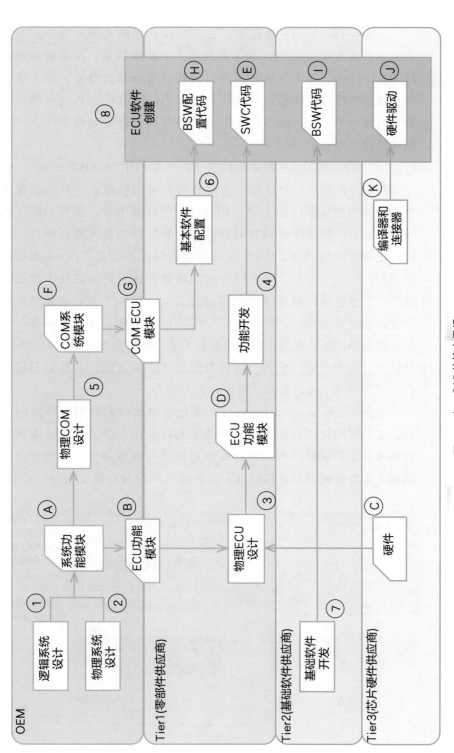

图 4-2 AutoSAR 的核心思想

上面提到的基础软件配置，只是基础软件的一部分代码，原操作系统本身还有很多功能，如任务调度、中断控制等，这些就在基础软件开发中完成。接下来就是芯片以及相应编译器的开发。以上所有的开发都是按照统一的标准和规范来完成的，把所有的 C 代码都放在一起，组成一个工程，编译成一个可执行文件，烧写到板卡中，一个控制器就设计完成了。

（3）AutoSAR OS 技术架构及 AutoSAR CP 与 AP 的区别

在一个汽车域控制器中，主要有两种应用软件：一种是实现车辆各种具体功能及算法的上层应用软件，如自动泊车、语音识别、地图导航等；另一种是保证域控制器能够正常运行的许多底层软件，如处理机任务进程的调度、CAN 总线数据的接收和发送、Flash 数据的读取和保存等。一方面，这些部分的底层软件在不同的硬件中功能重复度很高，重复编译增加了控制器设计冗余；另一方面，这部分底层软件又跟硬件紧密相连，例如开发人员在 Intel 处理器平台上写好一个软件，换到 AMD 处理器平台可能就用不了，开发人员可能又得为新的处理器平台写一套底层软件。这种方法是非常低效的，并且容易出现各种不可预期的 Bug，耗费了大量的人力物力。

如图 4-3 所示，人们想通过标准化应用软件和底层软件之间的接口，来让应用软件开发者可以专注于具体应用功能的开发，无须考虑控制器底层的运行过程。这样即使更换了处理器硬件，应用软件也无须做太多修改就可以被移植过去。底层软件的开发则交给专门的公司，

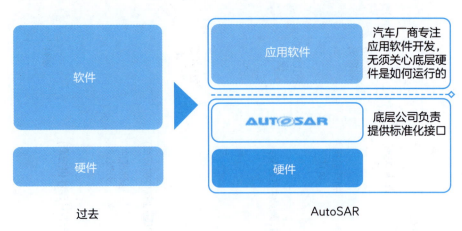

图 4-3　AutoSAR 发展

他们为每一个处理器硬件写好驱动，并封装成标准化接口提供给上层。这样底层软件就可以被高效地集成到不同项目中。且由于同一套底层软件被大量重复使用，发现 Bug 的概率大大提高，从而可以很快得到修补，并且通过更新对其他项目进行同步修补。

① AutoSAR Classic（CP）组成：随着技术的进步，AutoSAR 架构包括传统的 Classic（CP）架构和升级版的 Adaptive（AP）架构。传统的 Classic（CP）架构如图 4-4 所示，主要分为硬件层、基础软件（BSW）层、运行环境（RTE）层、应用程序层。

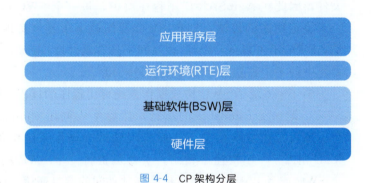

图 4-4　CP 架构分层

a. 基础软件（BSW）层。如图 4-5 所示，基础软件（BSW）层分为微控制器抽象层（使 ECU 抽象层与处理器型号无关）、ECU 抽象层（使服务层与 ECU 硬件设计无关）、服务层（提供给应用程序可用的服务）、复杂设备驱动（提供复杂执行器和传感器的驱动，使应用程序直接与底层硬件交互）层。

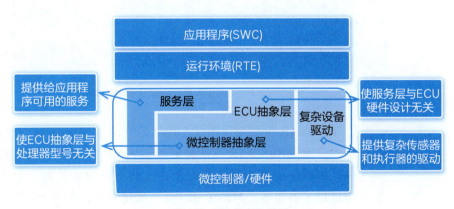

图 4-5　基础软件层分层

b. 运行环境（RTE）层。其功能主要是提供基础的通信服务、提供 AutoSAR 软件组件访问基础软件模块服务（BSW Services）。事件调度 RTE 主要负责调用可以运行的实体，AutoSAR 软件的组件无法直接动态创建 Runnable 线程，必须通过预先编译好的 RTEEvents 来触发可运行实体的执行。

c. 应用程序层。主要是 SWC，即封装部分汽车电子功能的模块，而提供给用户的各种软件功能则是由多个相互交互的功能模块组成的。

AutoSAR 最上层是 SWC 原子级应用。SWC 的特点是对应一个 C 文件，因此在 AutoSAR 应用程序层中，每一个 SWC 可以看作实现某一个特定功能的算法，即把 SWC 看作最小单元（实现一个最小的功能，SWC 不可再分，SWC 相互间不具有耦合性），而 Runnable 则是该单元中的一个独立运行的线程（Thread）。

图 4-6 体现了 SWC 构成操作系统可用程序的过程，RTE 能够触发 SWC，即触发 Runnable 的运行，然后生成调用 Runnable 的 Task 代码，配置操作系统信息，从而实现软件在操作系统中的运行。此外，RTE 相当于一个快递中转站，主要负责将一个 SWC 的信息传到另一个 SWC 或者 BSW，从而实现这些软件间的信息通信功能。

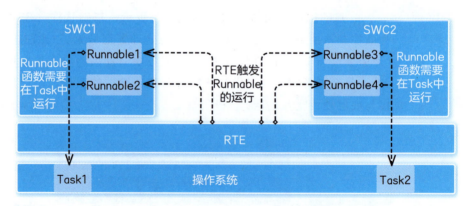

图 4-6　RTE 对 Runnable 的运行支撑

② AutoSAR 方法论：图 4-7 具体地介绍了 AutoSAR 中生成可执行文件的步骤。AutoSAR 方法论涵盖了从 VFB（虚拟功能总线）设计到生成代码软件集成之间的所有步骤。其不仅规定了每一个步骤的行为，还规定了各步骤之间的衔接方式。关键开发流程如下：

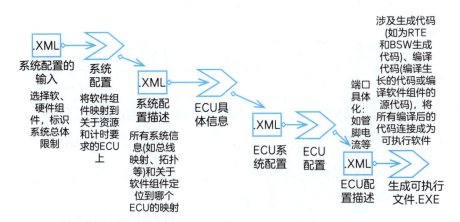

图 4-7　AutoSAR 方法论关键开发流程

a. 系统配置的输入。系统配置是对整个系统建立抽象或功能性的视角。这一阶段需要做的有：确定接口、模式、数据类型、软件组件、集合、软件组件约束（哪几个软件组件放在一个 ECU 上）和整个系统架构。

b. ECU 设计与配置阶段。这一阶段需要做的包括：具体设计 VFB 中的接口、模式、数据类型、软件组件及其定时。软件组件的实现独立于 ECU 的配置，这是 AutoSAR 方法论的重要特征。最重要的是知道系统的拓扑结构和 ECU 资源，即有几个 ECU、各 ECU 间如何通信、通信形式和内容、ECU 上有哪些资源、芯片引脚信息等。

c. 生成代码-软件集成。软件集成是以 ECU 为单位的，每个微控制器都需要 ECU 配置。在这一阶段首先需要进行 RTE 配置。RTE 的配置包括建立操作系统（OS）任务，并将运行实体 Runnable 映射到 OS 任务 Task 上。然后是配置 BSW，其中包括通信栈、操作系统、系统服务、存储、诊断、MCAL 等基础软件模块。在 BSW 配置完成后，则是生成 RTE、BSW、OS 和 MCAL 代码。这些代码都是在不同的配置工具中分别生成，最后放在编译器中统一编译成可执行文件。

③ AutoSAR Adaptive（AP）组成：AutoSAR Classic 架构一般适用于传统 ECU，并且功能在 ECU 开发后比较固定，更新升级不便。面对汽车一些复杂的新功能，如无人驾驶、车联网和域控制等，这种 Classic 架构显然是无法满足要求的。图 4-8 所示是一种新的 AutoSAR

架构，从下到上，分别是如下几层。

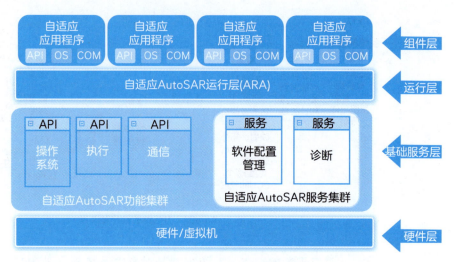

图 4-8　AutoSAR Adaptive 架构

a. 硬件层。主要是高算力的 GPU/CPU 或者是虚拟机。

b. 基础服务层。主要是各种 API 和 Service，它们可能来自其他设备、云端或者网络上的某个位置，在使用的时候无须关心来自何处，调用即可。

c. 运行层。它是一种实时的运行环境，上层的应用可以灵活地安装、升级和卸载。

d. 组件层。各种不同的应用是由下层不同的 OS、COM 等组成的容器化的程序，从而实现汽车智能、快速、动态调配等功能。

④ AutoSAR AP 与 CP 的区别：

a. 编程语言不同——AutoSAR CP 基于 C 语言，而 AutoSAR AP 基于 C++语言。

b. 架构不同——AutoSAR CP 采用的是 FOA（Function-Oriented Architecture，面向功能架构），而 AutoSAR AP 采用的则是 SOA（Service-Oriented Architecture，面向服务架构）。

c. 通信方式不同——AutoSAR CP 采用的是基于信号的静态配置通信方式（LIN/CAN 通信矩阵），而 AutoSAR AP 采用的是基于服务的动态通信方式（SOME/IP）。

d. 连接关系不同——在 AutoSAR CP 中，硬件资源的连接关系受限于通信线束的连接，而在 AutoSAR AP 中，硬件资源间的连接关系虚拟化，不局限于通信线束的连接关系。

e. 调度方式不同——AutoSAR CP 采用固定的任务调度配置，模块和配置在发布前进行静态编译、链接，按既定规则顺序执行，而 AutoSAR AP 则支持多种动态调度策略，服务可根据应用需求动态加载，并可进行单独更新。

f. 代码执行和地址空间不同——在 AutoSAR CP 中，大部分代码静态运行在 ROM（只读存储器），所有应用共用一个地址空间，而在 AutoSAR AP 中，应用加载到 RAM（随机存储器）运行，每个应用独享（虚拟）一个地址空间。

这些区别，带给 AutoSAR AP 的优势有如下几点：

a. ECU 更加智能：基于 SOA 通信使得 AP 中 ECU 可以动态地同其他 ECU 进行连接，提供或获取服务。

b. 更强大的计算能力：SOA 使得 AP 能够更好地支持多核、多 ECU、多 SoC 并行处理，从而提供更强大的计算能力。

c. 更加安全：SOA 使得 AP 中各个服务模块独立，可独立加载，拥有 IAM（身份识别与访问管理）权限。

d. 敏捷开发：AutoSAR Adaptive 服务不局限于部署在 ECU 本地，可分布于车载网络中，使得系统模块可灵活部署，后期也能灵活独立更新。

e. 高通信带宽：可实现基于 Ethernet 等高通信带宽的总线通信。

f. 更易物联：基于以太网的 SOA 通信，更易实现无线、远程、云连接，方便部署 V2X 应用。

在某些方面，AutoSAR AP 与 AutoSAR CP 相比是有一些劣势的。例如，AutoSAR CP 的时延可低至微秒级，功能安全等级达到了 ASIL-D，硬实时；而 AutoSAR AP 的时延则在毫秒级，功能安全等级则为 ASIL-B，软实时。

⑤ 一般的 AutoSAR 开发流程如图 4-9 所示。

（4）域控制器中间件技术

中间件是自动驾驶中极为重要的一环，它在一定程度上决定了自动驾驶技术的优劣。近两年，随着自动驾驶技术的不断发展，各厂商越来越关注软件的量产化，越来越多厂商意识到中间件的必要性和重要性。在自动驾驶早期开发中，中间件可以化整为零，将巨

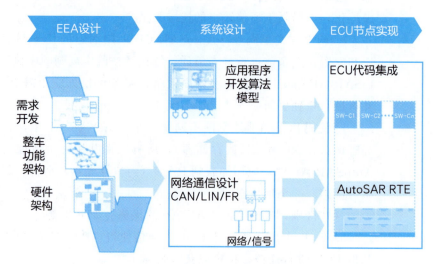

图 4-9　一般的 AutoSAR 开发流程

大的软件工程分解成若干小任务，分散解决。在后期应用时，它又可以化零为整，像拼积木一样，根据需求将一个个模块组合成一个整体，严丝合缝。

如图 4-10 所示，中间件下层是基于 Hypervisor 的 OS，中间件层主要包括工具链、面向服务的软件框架、功能安全/信息安全框架、整车级硬件软件能力开放 API/SDK（软件开发工具包）等。工具链主要包括 AI 模块、开发、诊断、调试、系统、方法等；面向服务的软件框架主要包括微服务化、Web 访问、服务调度、DevOps（开发运维）、分布式数据框架等；功能安全/信息安全框架主要包括健康监控、冗余传输、安全软件部署/消息加密、设备认证、安全 OTA、入侵检测等；整车级硬件软件能力开放 API/SDK 主要包括传感器执行器标准化、I/O 访问控制等。中间件上层则是自动变道、自动跟车、自动泊车、驾乘状态、高速巡航等上层应用程序。

当前汽车发展的趋势是"软件定义汽车"。随着软件和算法的不断完善，很多新功能被开发出来，OTA（软件升级）的发展使得用户可以实时订阅汽车新功能，大大提高了汽车智能化水平。同时，汽车硬件的发展也日新月异，芯片算力大幅增长，摄像头像素呈翻倍之势增加，激光雷达出现在更多新车规划上。汽车对软硬件要求越来越高。自动驾驶的中间件，也属于广义上的操作系统，但是它和 QNX、

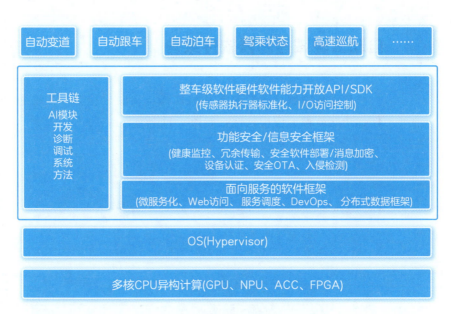

图 4-10 自动驾驶中间件

Linux 这些底层系统并不一样。本质上它是介于上层应用和底层系统之间的一套软件框架，是对软硬件资源进行管理、分配和调度的平台，是软件和硬件解耦的关键部分。中间件通常对传感器、计算平台等资源进行抽象，对算法、子系统、功能采取模块化的管理，通过提供的统一接口，让开发人员能够专注于各自业务层面的开发，而无须了解无关的细节。

复杂的大型软件，尤其是自动驾驶，对开发和应用有着一系列的要求。中间件的典型应用就是：不同车厂的硬件配置存在巨大差异，而同一车厂内的不同品牌、不同车型也会存在不同。借助于中间件平台，插拔式设计便成为可能，在开发时，整个自动驾驶系统方案可以根据需求进行不同拓展，开发后也可以快速高效地进行软件迭代。中间件不仅适配不同的传感器、芯片、车辆平台等硬件，而且可以选配不同的软件算法模块，实现不同级别的自动驾驶功能。如果中间件能打下一个好的基础，那么整个自动驾驶方案开发和应用的质量、效率也都会有不同程度的提高。

4.2 自动驾驶域控制器软件架构

自动驾驶域计算平台涉及的软件，从底层往上，主要包括系统软件、功能软件、应用软件，如图 4-11 所示。

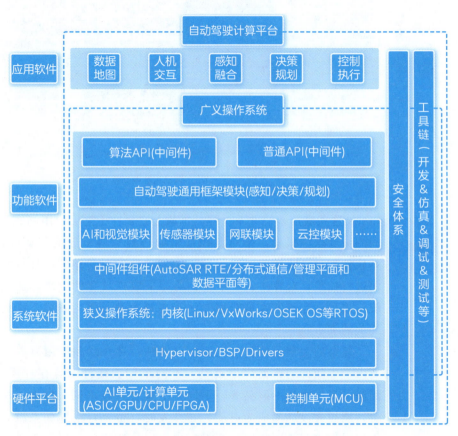

图 4-11 自动驾驶域软件层分类

系统软件层面，主要包括 BSP（板级支持包）、Hypervisor（虚拟化）、狭义 OS 内核、中间件组件等。

功能软件层面，主要为自动驾驶的核心共性功能模块，包括自动驾驶通用框架模块、网联模块、云控模块等，功能软件结合系统软件，共同构成宏观意义上的自动驾驶操作系统。

应用软件层面,主要包括场景算法(涵盖感知融合、决策规划、控制执行等)、数据地图等。

4.2.1 硬件抽象层——Hypervisor 与 BSP

(1) Hypervisor

管理并虚拟化底层硬件的 Hypervisor 虚拟化技术可以有效实现资源整合和隔离,其典型架构如图 4-12 所示。自动驾驶操作系统基于异构分布硬件,其应用程序,如 AI 计算和实时安全功能,可能分别依赖不同的内核环境和驱动,但在物理层面共享 CPU。

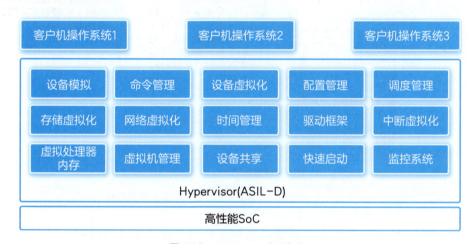

图 4-12 Hypervisor 典型架构

(2) BSP

BSP(Board Support Package)即板级支持包。对于一般的嵌入式系统,硬件部分需要嵌入式硬件工程师设计硬件电路,新出厂的电路板,需要 BSP 来保证其能稳定工作,在此基础之上,才能进行下一步的软件开发。

BSP 是介于主板硬件和操作系统之间的系统软件之一,主要目的是支持操作系统,使之能够更好地运行于硬件主板。BSP 是相对于操作系统而言的,不同的操作系统对应于不同定义形式的 BSP,如 VxWorks 的 BSP 和 Linux 的 BSP 相对于某一 CPU 来说,尽管实现的功能一样,可是写法和接口定义是完全不同的,所以 BSP 一定要按照该系统 BSP 的定义形式来写,这样才能与上层 OS 保持正确的接口,良好地支持上层 OS。

BSP 同时具有硬件相关性和操作系统相关性。BSP 的开发不仅需要具备一定的硬件知识，如 CPU 的控制、中断控制器的设置、内存控制器的设置及有关的总线规范等，同时还要求掌握操作系统所定义的 BSP 接口。嵌入式系统对应的 BSP 开发内容如图 4-13 所示。

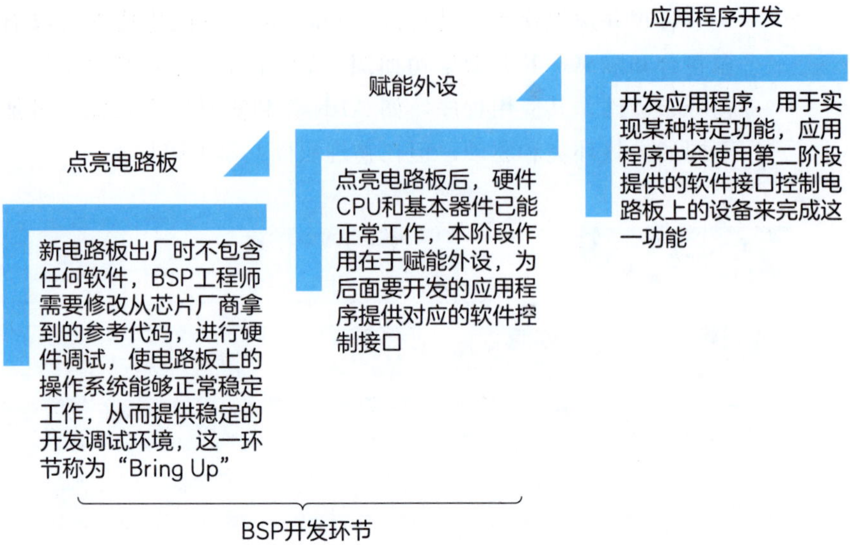

点亮电路板

新电路板出厂时不包含任何软件，BSP 工程师需要修改从芯片厂商拿到的参考代码，进行硬件调试，使电路板上的操作系统能够正常稳定工作，从而提供稳定的开发调试环境，这一环节称为"Bring Up"

赋能外设

点亮电路板后，硬件 CPU 和基本器件已能正常工作，本阶段作用在于赋能外设，为后面要开发的应用程序提供对应的软件控制接口

应用程序开发

开发应用程序，用于实现某种特定功能，应用程序中会使用第二阶段提供的软件接口控制电路板上的设备来完成这一功能

BSP 开发环节

图 4-13　嵌入式系统对应的 BSP 开发内容

车载芯片 BSP 涉及的企业比较多，涵盖芯片制造商、第三方软件服务商、整车厂，如表 4-1 所示。但是不同类型的参与厂商具备不同的特点：芯片制造商，最懂底层硬件，但开发人手有限；整车厂软件能力积累相对不足；第三方软件服务商往往具备较好的竞争优势，具备丰富的底层开发经验，对底层硬件和上层软件理解深刻，技术较强，人员规模扩张性也较好。

表 4-1　车载芯片 BSP 开发领域典型参与厂商

参与厂商类型	BSP 开发能力型厂商
芯片制造商	最懂硬件，但开发人手有限
第三方软件服务商	通常具备丰富的底层开发经验，对底层硬件和上层软件理解深刻，技术较强，人员规模扩张性好
整车厂	起步较晚，软件能力积累相对不足，技术实力较弱

4.2.2 操作系统标准与 OS 内核

（1）车载操作系统

车载操作系统可以大致分为车控操作系统和智能座舱操作系统。

车控操作系统：主要对应自动驾驶域、动力域、底盘域，用于控制车身底盘、动力系统和自动驾驶。

智能座舱操作系统：主要对应座舱域，用于实现车载娱乐信息系统功能以及实现人机交互（HMI）相应功能。

在前述基础上，可以进一步划分车控操作系统如下：

嵌入式实时操作系统（RTOS）：用于传统的车辆控制，适用于动力系统与底盘控制等领域。

基于 POSIX 标准的操作系统：适用于自动驾驶所需要的高性能计算和高宽带通信。

传统 ECU 采用的是符合 OSEK/VDX 和 AutoSAR Classic 标准的 RTOS。在传统的分布式 EEA 下，特定的 ECU 针对处理特定功能，常见 ECU 包括发动机管理系统（EMS）、防抱死制动系统（ABS）、自动变速箱控制单元（TCU）、电动动力转向系统（EPS）、新能源汽车整车控制单元（VCU）、电池管理系统（BMS）等。

通常情况下，车用 ECU 主要由 MCU、存储器、I/O 和外围电路组成，其中 MCU 为核心。ECU 必须是高稳定性的嵌入式实时性操作系统（RTOS），实时性的含义是系统保证在一定时间限制内完成特定功能，目前主流的电控操作系统基本都兼容 OSEK/VDX 和 AutoSAR Classic 这两类汽车电子软件标准。

自动驾驶域操作系统目前大多参考 AutoSAR Adaptive 平台，可以为支持 POSIX 标准的操作系统及不同的应用需求提供标准化的平台接口和应用服务。从实际功能执行来看，可以将 ECU 的软件平台分为三类：基于信息娱乐的 ECU、传统的基于控制的 ECU 以及执行自动驾驶功能的 ECU。不同类型的 ECU 对软件平台的要求如表 4-2 所示。

（2）自动驾驶域 OS 内核

自动驾驶域 OS 内核的格局较稳定，主要为 QNX（Blackberry）、Linux（开源基金会）、VxWorks（Wind River System），如表 4-3 所示。

表 4-2　不同类型 ECU 对软件平台的要求

对比维度	传统控制系统 ECU	ADAS/AD ECU	信息娱乐 ECU
实时性要求	高	中	低
预期安全要求	ASIL-D	ASIL-B 以上	QM
演算能力要求	低	中~高	高
动态部署支持	不需要	需要	需要
通行要求	相对低速单向的无连接型通信	与 V2X 等相对应支持单向和服务的通信	多样
常用软件平台	Scheduler、经典 AutoSAR、OSEK/VDX OS	基于 POSIX PSE 51 配置文件的自适应性 AutoSAR	基于各种 POSIX 的部署文件的自适应性 AutoSAR

表 4-3　主流 OS 内核对比

项目	QNX	Linux	VxWorks
所属企业	Blackberry	开源基金会	Wind River System
开放性	半封闭	源代码开放	源代码开放
是否可裁剪	否	是	是
软件生态丰富程度	较丰富，商业公司提供，或自己从开源软件移植	非常丰富，主要来自开源软件社区	在自动驾驶行业影响较小
实时性	微秒级	毫秒级（打开 CONFIG_PREEMPT_ RT 后为微秒级）	微秒级
功能安全等级	ASIL-D	无	ASIL-D
开发工具和使用费用	昂贵	免费	昂贵
易用性	容易	最难	比较难
可扩展性	低	高	中

自动驾驶域 OS 内核按照定义范围可大致分为狭义和广义两种：

① 狭义 OS 内核：特指可直接搭载在硬件上的 OS 内核；

② 广义 OS 内核：从下至上包括 BSP、OS 内核、中间件及库组件等系统软件。

OS 内核又称为底层 OS，旨在提供操作系统最基本的功能，负责管理系统的进程、内存、设备驱动程序、文件和网络系统，决定着系统的性能和稳定性。因打造全新 OS 内核需要花费太多的人力、物力，目前基本没有企业会开发全新的 OS 内核，大部分企业都是在现有的 OS 内核基础上研发中间件和应用软件。

(3) 功能软件

① 中间件。中间件是介于应用系统和系统软件之间的一类软件，位于客户机服务器的操作系统之上，管理计算资源和网络通信。中间件是一种独立的软件服务程序，分布式应用软件借助这种软件服务程序在不同的技术之间共享资源。中间件的主要任务是负责各类应用软件模块之间的通信以及对底层系统资源的调度，其在分布式系统中的用途见图 4-14。它的优点是可以大大降低应用层软件的开发难度，使研发工程师可以完全把注意力集中到功能算法的开发上。

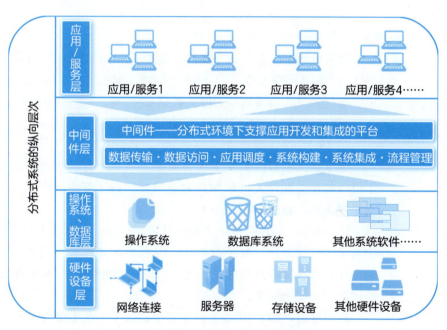

图 4-14 中间件在分布式系统中的用途示意图

目前应用较多的中间件为 AutoSAR Classic 中的 RTE，它不仅负责上层 SWC 之间的通信，同时也负责对 SWC 进行调度以及对底层操作系统及通信服务的调用。

② 核心共性功能模块。除 API 中间件外，自动驾驶的核心共性功能模块构成了功能软件的主要部分。核心共性功能模块包括自动驾驶

通用框架、网联、云控等，结合系统软件，共同构成完整的自动驾驶操作系统，支撑自动驾驶技术实现。

（4）应用软件

应用软件运行在广义操作系统之上，具体负责自动驾驶功能的实现。典型的计算平台，在装载运行系统软件和功能软件的操作系统后，向上支撑应用软件开发，最终实现整体功能。应用软件内容繁杂，包括场景算法（涵盖感知融合、决策规划、控制执行等）、数据地图、人机交互等。

4.3 汽车安全

4.3.1 汽车安全领域

现阶段汽车安全领域主要包含功能安全 ISO 26262、预期功能安全 ISO 21448 和网络安全 ISO/SAE 21434 三部分内容，分别对应着汽车电子电气失效、场景风险和网络数据安全。

（1）功能安全 ISO 26262

① ISO 26262 背景。

为了让人们对汽车安全相关功能有一个更好的理解，以及指导电子设备和系统设计人员该如何避免风险，ISO 组织制定了汽车功能安全管理体系，称为 ISO 26262。

ISO 26262 是汽车的一个安全性国际标准，此标准主要定位在汽车中特定的电气器件、电子设备、可编程电子器件等专门用于汽车领域的部件，旨在提高汽车电子、电气产品的功能安全，为所有汽车 EEA 提供统一的安全标准。

简单地说，ISO 26262 为汽车安全提供了一个生命周期理念：管理、开发、生产、经营、服务、报废。同时，该标准涵盖功能性安全方面的整体开发过程：需求规划、设计、实施、集成、验证、确认和配置。

如图 4-15 所示，ADAS、被动系统、主动系统、电子车身稳定系统以及线控系统等都需遵循 ISO 26262 标准。

汽车功能安全开发活动流程为：相关项定义、危害分析和风险评估、功能安全开发需求确认、功能安全方案开发以及进一步细化为技术层面的安全需求，如图 4-16 所示。

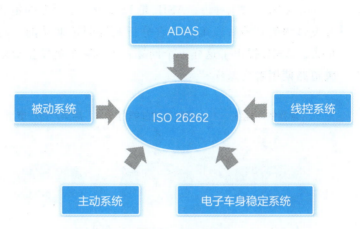

图 4-15 ISO 26262

相关项定义(Item Definition)，即定义研究对象

危害分析和风险评估(HARA)，即导出安全目标及ASIL等级

功能安全开发需求(FSR)确认，即确认完成安全目标的技术架构、方针、路线等

功能安全方案(FSC)开发，即形成系统化概念阶段工作方案，输出"需要做什么"等技术安全需求及方案，开发及验证系统集成测试及安全确认(Validation)的方式

将FSR进一步细化为技术层面的安全需求(TSR)，即硬件软件"怎么去实现"技术安全需求(TSR)＝由FSR技术化的安全需求+安全机制+Stakeholder(利益相关者)需求(车辆使用、法律法规、生产和服务方面)

图 4-16 汽车功能安全开发活动流程

② ISO 26262 重要组成部分。

a. ASIL（图 4-17）。ASIL 是 ISO 26262 标准的重要组成部分，在开发过程的开始阶段确定。它分析系统的预期功能，同时指出可能的危害。ASIL 提出了这样一个问题："如果车辆发生故障，驾驶员和相关道路使用者会怎样？"

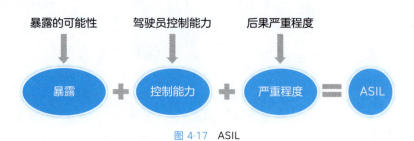

图 4-17 ASIL

为了评估风险，ASIL 需综合考虑暴露的可能性、驾驶员的控制能力以及发生重大事件时可能带来的后果的严重程度。ASIL 不管系统所使用的技术，只关注驾驶员及其他道路使用者所受到的危害。

ASIL 根据不同的安全要求分为 A、B、C、D 四个级别，其中，D 级拥有最安全的关键流程，测试规范最为严格。ISO 26262 标准根据组件的 ASIL 级别，分别规定了最低测试要求，有助于确定测试时必须采取的方法。确定 ASIL 后，就决定了系统的安全目标，也就是确定了保证安全所需的系统行为。

b. 工具置信度。通过工具的输入和输出，可开发典型（或参考）用例。分析用例便可确定工具置信度，简称 TCL。TCL 和 ASIL 决定了软件工具要求的认证水平。工具置信度分为 TCL1、TCL2、TCL3 和 TCL4，其中，TCL4 为最高置信度，TCL1 为最低置信度。

（2）网络安全 ISO/SAE 21434

① ISO/SAE 21434 背景。

根据朱尼普研究公司的研究，到 2025 年，将有 2.06 亿辆汽车实现嵌入式连接，其中 3000 万辆汽车使用 5G 连接。联网汽车包含了通信单元、语音助手、地理位置传感器和云平台等单元，这些单元将车辆与移动服务连接起来。

为了确保这些联网汽车的安全，一个被称为 ISO/SAE 21434 的标准被开发出来了。该标准旨在指导汽车产品开发商和原始设备制造商遵循有效的联网车辆网络安全策略和措施。

ISO/SAE 21434 是由国际标准化组织（ISO）和美国汽车工程师学会（SAE）联合发布的。ISO/SAE 21434《道路车辆-网络安全工程》重点关注汽车电子产品设计和开发中的网络安全风险。该标准涵盖了网络安全治理和结构、车辆生命周期内的安全工程以及生产后的安全流程。

ISO/SAE 21434 的前身是 ISO 26262 标准《道路车辆-功能安全》。ISO 26262 不包括软件开发或汽车子系统，也不包括如何处理网络安全事件。

ISO/SAE 21434 涵盖了网络安全的各个方面，包括电气和电子系统，也包括其部件和接口；涵盖了连接车辆生命周期的所有阶段，包括设计与工程、生产、客户操作、维护和服务、报废。

这种网络安全管理的生命周期方法使 ISO/SAE 21434 成为联网车辆网络安全最全面的标准之一。

ISO/SAE 21434 的开发遵循 V 模型（图 4-18）。在产品开发阶段，应根据网络安全概念，制订详细的网络安全技术规范，并将需求逐层分解到下游的子系统、零部件层，完成相应的架构设计和详细设计。在 V 模型右端，进行集成和符合性测试，以保证相关的组件、系统符合 V 模型左端对应的网络安全设计规范。

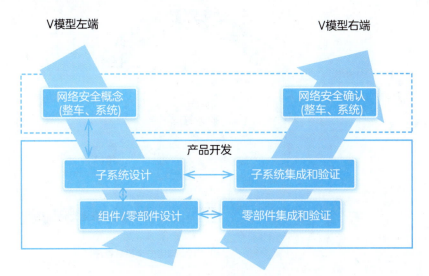

图 4-18　V 模型

② ISO/SAE 21434 主要内容。

a. 研究对象和范围。在 ISO/SAE 21434 中，网络安全工程的研究对象是 Item，可翻译为"相关项"，Item 定义为：实现整车特定功能的相关电子器件和软件。它可以由一个或多个部分组成，具体来说可以是车辆的 EEA 或某个网络安全相关的功能或系统。ISO/SAE 21434 标准只在 Item 层面描述网络安全工程的相关活动，不会规定分配到组件上的具体工程方案。

网络安全工程的范围包含车辆的全生命周期，因此也包括售后和服务环节。车辆外部的系统（如后台）在标准中也会涉及，但不是该标准研究的重点。总体来说，ISO/SAE 21434 是一项针对车端的网络安全规范。

b. 风险管理。风险管理（图 4-19）是 ISO/SAE 21434 的核心概念，它是一项贯穿产品整个生命周期的持续性活动。在开发阶段，主要关注威胁分析和风险评估，以及通过纵深防御缓解网络安全风险；在运维阶段，通过安全监控、漏洞管理和安全事件响应等持续的网络安全活动，处置不断变化的外部环境中出现的安全风险。此外，风险管理活动可针对项目进行相应的适配和裁剪，对于分布式开发的环节，需要明确客户与供应商的网络安全职责。

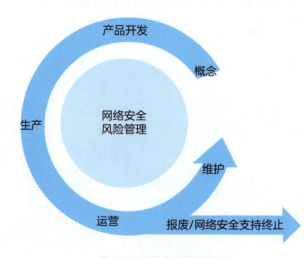

图 4-19 网络安全风险管理

（3）预期功能安全 ISO 21448

多年来，功能安全专家们在实践中渐渐发现，尽管车辆的电子系统可以通过功能安全手段几乎避免大部分系统失效和信号故障，但在一些特殊场景下，配备自动驾驶系统的车辆还是无法从容应对。本应在预期设计范围内的场景在开发和验证中被意外忽略，这样的问题频繁在自动驾驶系统中出现，却又无法通过传统的手段有效解决，因此亟须新的方法论来识别、验证风险场景，即"预期功能安全"。在很大程度上，预期功能安全是功能安全理念在自动驾驶系统上的延伸，都是希望通过流程要求保障企业或产品的安全能力。

① ISO 21448 背景。

预期功能安全（Safety of the Intended Functionality，SOTIF）这一概念最早由欧洲专家于 2018 年提出，目的是解决因场景导致的安全风险。预期功能安全所覆盖的问题有两个特征：一是非故障特征，即整车、系统、软硬件层面不存在通信、电源等故障，各系统运转正常；二是由外部场景触发，即由特殊场景触发了系统的设计缺陷，使车辆处于风险中。欧美国家在这一领域的布局较早，在技术开发和标准研究方面均处于领先地位。国内企业虽然起步较晚，不少企业对预期功能安全概念的理解也尚不充分，不过近期相关标准和管理政策的出台引起各方对这一领域的广泛关注。

目前，最有影响力的预期功能安全标准是由国际标准化组织编写的 ISO 21448。该标准于 2018 年由原负责功能安全标准 ISO 26262 的工作组提出并立项，并在 2019 年发布 PAS（公共可用规范）版。这一版本标准较为清晰地提出了"未知危害场景-已知危害场景-已知安全场景"的风险解决逻辑和预期功能安全总体分析验证流程，但其内容仍不足以支撑企业开展预期功能安全相关工作。作为预期功能安全领域的技术基础，ISO 21448 标准于 2022 年 3 月正式发布，带动预期功能安全领域的发展进入新的阶段。

② ISO 21448 主要内容。

目前，预期功能安全研究开展的思路主要有两类：一是延续功能安全的思路，针对某一功能，基于工程经验，在较小的范围内通过识别特定系统的自身问题，有针对性地识别相应风险场景并解决；二是从场景分析出发，不再局限于某个特定功能或系统，从场景的元素入手，更广泛地找到通用性的场景问题。前者的优势在于，通过系统性的分析方法,在有限的范围内更容易找到针对这一特定系统的危害场景,可以比较好地保证场景的有效性;后者的优势在于,虽未完全按照预期功能安全标准展开分析,但可以从更广阔的角度保证危害场景识别的全面性。现阶段,双方均未总结出大量的、结论性的解决方案,因此短期内还将呈现两种研究思路互补并存的状态。预期功能安全的实施中,需要贯彻"迭代"的概念,迭代的内容包括场景、分析、验证以及系统自身等。参考 ISO 21448 标准,预期功能安全的分析和开发见图 4-20,其验证流程(图 4-21)为:相关项定义、危害分析和风险评估、功能不足和触发条件的识别、对系统的优化与改进、测试和验证方法的确认、已知危害场景验证、未知危害场景探索与验证、发布后的运营与维护。

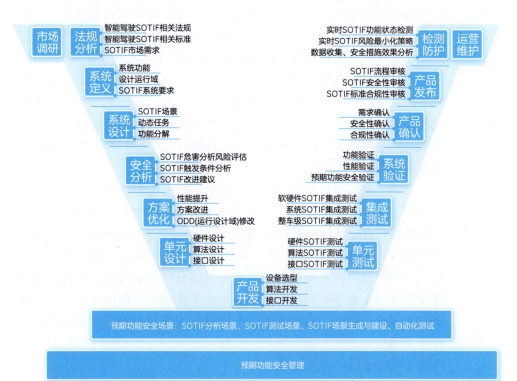

图 4-20　预期功能安全的分析和开发

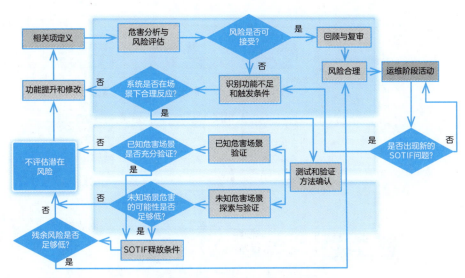

图 4-21 预期功能安全验证流程

案例

相关项定义分析

复杂随机交通场景＋系统功能局限＋合理可预见的误用衍生 SOTIF 问题，如图 4-22、图 4-23 所示。

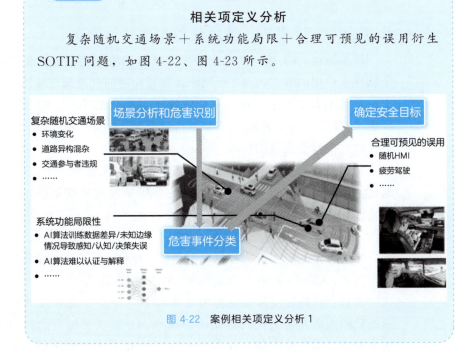

图 4-22 案例相关项定义分析 1

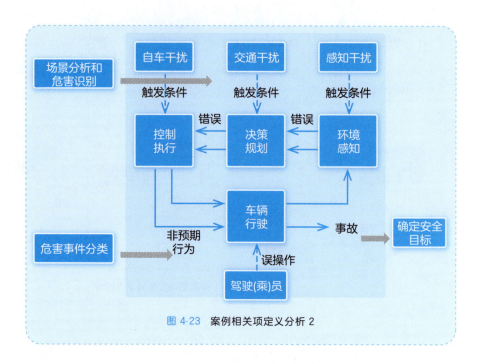

图 4-23 案例相关项定义分析 2

4.3.2 CI/CD（持续集成、持续交付和持续部署）

简单地说，CI 是一种能让开发人员定期将他们写的代码集成到整个软件或应用的方式；而 CD 则涉及在任何时间都能部署应用程序的能力，并且不需要人工干预，完全依赖于自动化的手段。CI/CD 包括持续集成（CI）、持续部署（CD）和持续交付（CD），具体如下。

（1）持续集成（CI）

持续集成的重点是将各个开发人员的工作集合到一个代码仓库中。通常，每天都要进行几次，主要目的是尽早发现集成错误，使团队更加紧密配合，更好地协作。

① CI：代码提交阶段（图 4-24）。

参与者：开发人员、数据库管理员（DBA）、基础架构团队。

技术：Git、GitHub、GitLab、SVM、Bitbucket。

流程：代码提交阶段也称为版本控制。提交是将开发人员编写的最新代码变更发送到代码存储库的操作。开发人员编写的代码的每个版本都被无限期地存储。在与合作者讨论和审查变更之后，开发人员将编写代码，并在软件需求、特性增强、Bug 修复或变更请求完成后

图 4-24　代码提交阶段

提交。管理编辑和提交变更的存储库称为源代码管理工具（配置管理工具）。在开发人员提交代码（代码推送请求）后，代码更改被合并到主线代码分支中，这些主线代码分支存储在 GitHub 这样的中央存储库中。

② CI：静态代码检查阶段。

参与者：开发人员、数据库管理员（DBA）、基础架构团队。

技术：GitHub、GitLab、SVM、Bitbucket。

流程：开发人员编写代码并将其推送到存储库后，系统将自动触发以启动下一个代码分析过程。开发过程中存在提交的代码可以构建成功，但在部署期间构建失败的情况。无论从机器还是人力资源的利用率而言，这都是一个缓慢且昂贵的过程。因此必须检查代码中的静态策略。SAST（静态应用程序安全性测试）是一种白盒测试方法，可以使用 SonarQube、Veracode、Appscan 等 SAST 工具从内部检查代码，以发现软件缺陷、漏洞和弱点（如结构化查询语言注入等）。这是一个快速检查过程，可以检查代码是否存在语法错误。此阶段缺少检查运行时错误的功能，该功能将在以后的阶段中执行。

将额外的策略检查加入自动化流水线中可以显著减少流程中稍后发现的错误数量。

③ CI：构建阶段（图 4-25）。

参与者：开发人员。

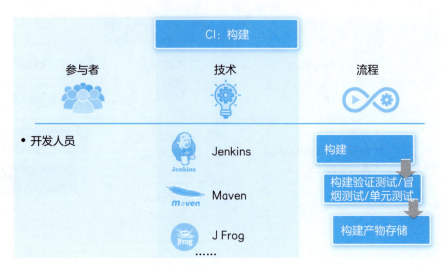

图 4-25　构建阶段

技术：Jenkins、Bamboo CI、Circle CI、Travis CI、Maven、Azure DevOps、J Frog。

流程：持续集成过程的目标是提交的代码持续构建为二进制文件或构建产物。通过持续集成来检查添加的新模块是否与现有模块兼容，不仅有助于更快地发现 Bug，还有助于减少验证新代码更改的时间。构建工具可以根据几乎所有编程语言的源代码创建可执行文件或包（.exe、.dll、.jar 等）。在构建过程中，还可以生成 SQL（结构化查询语言）脚本，配合基础设施配置文件一起进行测试。简而言之，构建阶段就是编译应用程序的阶段。Artifactory 存储、构建验证测试和单元测试也可以作为构建过程的一部分。

创建构建后立即执行冒烟测试。构建验证测试（BVT）将检查所有模块是否正确集成，以及程序的关键功能是否正常运行。这样做的目的是拒绝严重损坏的应用程序，以使 QA（质量保障）团队不会在安装和测试软件应用程序步骤浪费时间。

在完成这些检查后，将向流水线中执行 UT（单元测试），以进一步减少生产中的故障。单元测试可验证开发人员编写的单个单元或组件是否按预期执行。

一旦构建就绪，程序包就会存储在称为 Artifactory 或 Repository 工具的中央数据库。随着每天构建量的增加，跟踪所有构建产物也会变得愈加困难。因此，一旦生成并验证了构建产物，就将其发送到存储库进行存储管理。诸如 J Frog Artifactory 之类的存储库工具可用于存储 .rar、.war、.exe、.msi 等二进制文件。测试人员可以从此处手动进行选择，并在测试环境中部署构建产物以进行测试。

④ CI：测试阶段（图 4-26）。

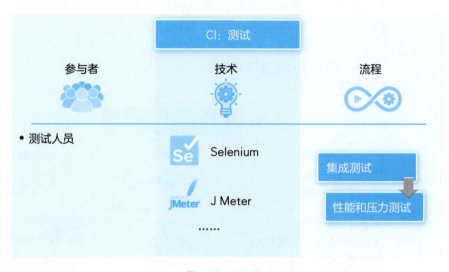

图 4-26　测试阶段

参与者：测试人员。

技术：Selenium、Appium、J Meter、SOAP UI、Tarantula。

流程：发布构建过程后的一系列自动测试将验证代码的准确性。此阶段可帮助避免生产中的错误。根据构建的大小，此检查可能持续数秒至数小时。对于由多个团队提交和构建代码的大型组织，这些检查在并行环境中运行，以节省宝贵的时间并尽早将错误告知开发人员。

测试人员（或称为 QA 工程师）基于用户描述设置自动化测试用例和场景。他们执行回归分析、压力测试来检查与预期输出的偏差。测试中涉及的活动有完整性测试、集成测试、压力测试。这是一个高层次测试方法。在这个阶段，可以发现开发人员忽视的某些代码问题。

集成测试是使用 Cucumber、Selenium 等工具执行的，在这些工具中，单个应用程序模块被组合起来并作为一组进行测试，同时评估其是否符合指定的功能需求。在集成测试之后，需要有人批准将该组中的更新集移到下一个阶段，这通常是性能测试。这个验证过程可能很麻烦，但它是整个过程的一个重要部分。

Selenium、J Meter 等自动化测试工具也可执行性能和压力测试，以检查应用程序在面对高负载时是否稳定和性能良好。该测试流程通常不会在每个更新提交上运行，因为完整的压力测试是长期运行的。当发布主要的新功能时，将对多个更新进行分组，并完成完整的性能测试。在单个更新被转移到下一阶段的情况下，流水线可能将金丝雀测试（Canary test）加入作为可选的方式。

（2）持续部署（CD）

① CD：Bake 和部署阶段（图 4-27）。

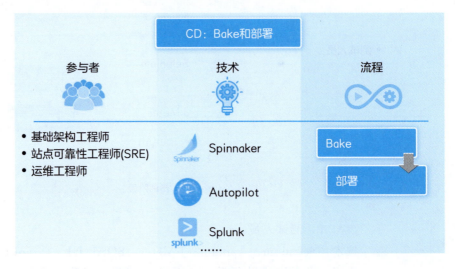

图 4-27　Bake 和部署阶段

参与者：基础架构工程师、站点可靠性工程师（SRE）、运维工程师。

技术：Spinnaker、Argo CD、Tekton CD 等。

流程：在测试阶段完成之后，可以部署到服务器的标准代码准备就绪。在部署到生产中之前，它们将被部署到产品团队内部使用的测试环境中。在将构建移至这些环境之前，构建必须经过 Bake 和部署的子阶段。这两个阶段都是 Spinnaker 所支持存在的。

Bake 是指在生产时使用当前配置从源代码创建不可变的镜像实例。这些配置可能是数据库更改和其他基础结构更新之类的事情。

Spinnaker 会自动将已 Bake 的镜像发送到部署阶段。这是将服务器组设置为部署到集群的位置。使用蓝绿部署、金丝雀测试、滚动更新等策略部署到产品。与上述测试过程类似，在部署阶段将执行功能相同的过程，将监视正在运行的应用程序以验证当前部署是否正确或是否需要回滚。首先将部署移至测试阶段，最终移至生产环境，以进行批准和检查。这个处理过程可以由 Spinnaker 等工具支持。

② CD：验证阶段。

这也是团队优化整个 CI/CD 流程的关键阶段。因为现在已经进行了非常多的测试，所以失败很少见。但是，此时必须尽快解决所有故障，以最大限度地减少对最终客户的影响。团队也应该考虑使流程的这一部分自动化。

③ CD：监控阶段。

参与者：站点可靠性工程师（SRE）、运营团队。

技术：Zabbix、Nagios、Prometheus、Elastic Search、Splunk、Appdynamics、Tivoli。

流程：为了使软件发行版具有故障安全性和健壮性，在生产环境中跟踪发行版的运行状况至关重要。应用程序监视工具将跟踪性能指标，如 CPU 利用率和发行版延迟。日志分析器将扫描由底层中间件和操作系统产生的大量日志，以识别行为并跟踪问题的根源。如果生产中出现任何问题，将通知利益相关者以确保生产环境的安全性和可靠性。此外，监视阶段可帮助组织收集有关其新软件更改如何增加收入的情报，帮助基础设施团队跟踪系统行为趋势并进行容量规划。

（3）持续交付（CD）

持续交付（CD）的反馈和协作过程如图 4-28 所示。

参与者：站点可靠性工程师（SRE）、运营和维护团队。

技术：Jira、ServiceNow、Slack、电子邮件、HipChat。

流程：DevOps 团队的目标是更快地持续发布，然后不断地减少错误和性能问题。这是通过不时地发送电子邮件向开发人员、项目经理提供有关新版本的质量和性能的反馈实现的。通常情况下，反馈系统是整个软件交付过程的一部分。因此，交付中的任何更改都会频繁地录入系统，以便交付团队可以对它采取行动。

假设开发人员小马想要部署软件，可以通过以下几步完成，如图 4-29 所示。

第一步：从代码仓库复制代码到本地，修改代码，本地测试后，

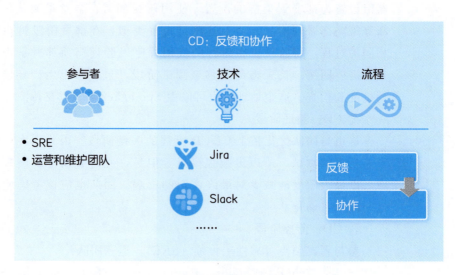

图 4-28 反馈和协调过程

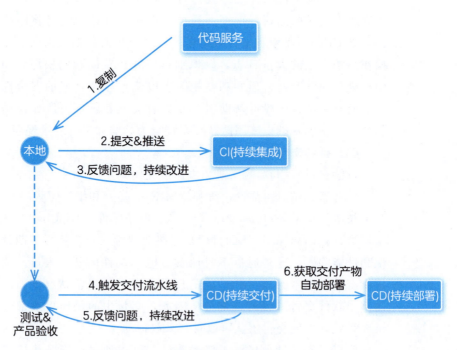

图 4-29 软件部署过程

通过 Git 提交和推送到代码仓库。

第二步：推送过程自动触发了 CI 流水线，5min 后，执行结束，告诉小马某个测试用例失败了。

第三步：小马本地修改失败测试用例，重新提交和推送，再次触发 CI 流水线，自动执行编译、测试、扫描等，收到消息，执行通过。

第四步：小马将功能交给测试与产品验收环节，发现问题或收到建议，重新回到第二步修改代码。

第五步：测试与产品验收环节没有问题后，手动触发预发部署流水线，并自动生成部署产物交付。

第六步：持续部署流水线每几分钟自动检测交付产物包，发现更新后，自动将产物部署到线上。发布成功后，小马收到功能生效的通知。

（4）CI/CD 常用工具

CI/CD 常用工具见图 4-30。

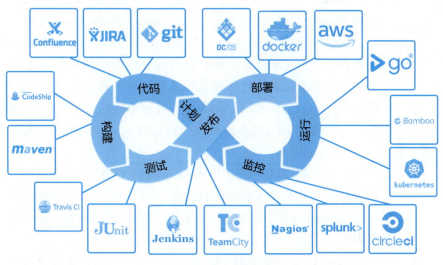

图 4-30 CI/CD 常用工具

① Jenkins。

Jenkins 是一个基于 Java 的跨平台开源 CI/CD 工具。它提供持续集成、实时测试和报告的功能。Jenkins 可以通过下载 .war 格式的可执行文件从终端启动来安装。

Jenkins Pipeline 提供了一组工具，可用 as code 对交付的 Pipeline（流水线）进行建模。Jenkins 使用 DSL（域特定语言）实现 Pipeline。它是使用广泛的 CI/CD 工具之一，因为开源且发展历史长久。它之所以一直流行并且强大的最主要原因就是通过各种插件方式进行了功能的扩展，从而满足开发测试繁多的需求。

Jenkins 本身的结构是分布式主从结构，可以有多个从节点，主节点可以只用于管理，运行任务的负载可以分布到不同的节点上，并且多个节点可以是不同的系统不同的环境，分布式结构可以支持大规模的任务以及需要多环境的项目。

对于新手用户，Jenkins 提供基于界面配置的模式，并且还有比较完善的文档，非常易于上手工作。当然，目前 Jenkins 主推的还是 Pipeline 模式，通过脚本的方式来定义 Pipeline，并且提交到 Git 仓库进行版本管理。Jenkins 官方还开发了全新的流水线界面 Blue Ocean，能够更加直观地体现出 CI/CD 整个流水线过程。

Jenkins 是基于 Java 开发的应用，目前支持多种平台的快速安装，包括 Windows/ Mac/ Linux/ Docker 以及 Kubernetes 集群。

Jenkins 的显著特点有：适用于 Windows、Linux 和 macOS 平台；免费和开源；高度可扩展性；拥有蓬勃发展的插件生态系统（1500 多个插件）和交流活跃的社区；与流行的云平台集成，如 AWS、Google Cloud、Azure、Digital Ocean 等；可并行执行工作并实现复杂的 CD 要求；.war 格式的安装程序是一个独立的 Java 应用程序，安装即可用。

② TeamCity。

TeamCity 是 Java 中基于服务器的 CI/CD 管道工具。它由 JetBrains 公司开发和维护（JetBrains 公司开发了多种有用工具，如 PyCharm、IntelliJ IDEA 等）。TeamCity 可以安装在 Windows 和 Linux 服务器上。

TeamCity 可免费用于开源项目，并为小型团队提供与 Azure DevOps 和 Jira Software Cloud 集成的功能。

TeamCity 的显著特点有：高度可扩展性，可通过自定义将项目的设置重复使用于子项目；可以运行并行创建的项目；TeamCity 中的 Pipeline 是使用基于 Kotlin 的 DSL（领域特定语言）定义的；与 Docker、Visual Studio Team Services、Maven、NuGet 等集成；与流行的云平台（如 Google Cloud、AWS、VMWare vSphere 等）集成；具有启用历史记录、即时查看测试进度（和历史记录）报告以及添加创建的项目到收藏夹的功能。

③ CircleCI。

CircleCI 是最好的 CI/CD 工具之一，适用于为开源项目和大型项目实现 CI/CD。CircleCI Cloud 是其基于云的产品，而 CircleCI Server 是其内部（或自托管）解决方案。

它支持在 Windows、Linux 和 macOS 平台上创建的语言。Pipeline 很容易设置并使用专有的 YAML 语法。2019 年，Forrester Wave 将 CircleCI 评为云原生持续集成领域的领导者。

CircleCI 的显著特点有：易于设置，可与流行的版本控制系统（如 GitHub、Bitbucket 等）一起使用；安装即用，可支持大多数流行的编程语言；为了减少创建时间，可以跨多个容器拆分和平衡创建的项目；CircleCI 中的并行测试有助于在不同的执行器之间执行测试；CircleCI Server 是 CircleCI 的内部部署产品，可以与流行的第三方工具（如 GitHub Enterprise、Coveralls 等）集成；CircleCI Server 支持广泛使用的云平台，如 AWS、Google Cloud、Azure 等；CircleCI Orbs 是可重用的代码片段，有助于自动化重复流程并加速与第三方工具的集成。

④ Travis CI。

与 Jenkins 一样，Travis CI 也是 CI/CD Pipeline 工具市场的先行者之一。它最初仅针对开源项目推出，后来也支持闭源项目。

如果项目在 GitHub 或 Bitbucket 中，那么用 Ruby 编程语言编写的 Travis CI 是开源和企业级项目的最佳 CI/CD 工具之一。与 CircleCI 一样，Travis CI 也为打算在其私有云（或自托管平台）上使用 Travis CI 的开源社区和企业提供不同的产品。

Travis CI 的显著特点有：Travis CI 支持多种编程语言（总共 30 种），包括 Java、C#、Julia、Python 等；寻求更多隐私和安全解决方案的企业可以选择 Travis CI Enterprise，这是一种自托管工具，可与 GitHub 和 Bitbucket 无缝集成；CI/CD Pipeline 使用专有的 YAML 语法，与 GitHub Enterprise 工具无缝集成；可以将 Travis CI 的 Cloud（或 SaaS）用于开源项目和团队规模较小的企业；它支持在 Linux、macOS 和 Windows 等流行平台上运行；Travis CI 中的创建矩阵功能允许在包括不同环境、语言的一系列组合上执行并行创建的项目；Travis CI Enterprise 支持与流行的云平台（如 AWS、Google Cloud、

Kubernetes、Azure等）集成；与跨浏览器测试工具的集成有助于跨浏览器、平台和设备（模拟器）的不同组合执行测试。

⑤ Bamboo。

Bamboo是一种流行的持续集成（CI）工具，它提供了在单个窗口中执行、测试和发布的工具。

Bamboo不仅可以与Jira无缝协作，还可以与流行的SCM（软件配置管理）工具（如Bitbucket）一起使用。它可用于在Windows、Linux和macOS等流行平台上部署。与其他流行的CI/CD Pipeline工具一样，Bamboo还支持多种编程语言，以及AWS、SVN、Git等技术。

Bamboo的显著特征有：Bamboo提供了从开源CI/CD选项（如Jenkins）到其平台的无缝迁移；它内置了与Jira Software和Bitbucket服务器的集成；Bamboo可以与Docker、AWS等流行工具（或平台）集成；它可以通过在远程创建代理上执行创建来实现并行创建的项目，最多可以支持100个远程创建代理和代理上的并行测试批次；根据存储库中的更改，Bamboo可以触发创建，然后可以从Bitbucket发送推送通知。

⑥ GoCD。

GoCD是来自Thoughtworks公司的开源持续集成服务器。与其他CI/CD DevOps工具相比，它的主要区别在于VSM（价值流程图）功能。VSM跨Pipeline的完整端到端视图，它成功地将其映射到"部署Pipeline"或"持续交付Pipeline"的概念中。

GoCD的显著特点有：在GoCD中配置依赖项很容易；与其他仅支持YAML格式的CI/CD Pipeline工具不同，GoCD允许以YAML和JSON格式实现"Pipeline as code"（流水线即代码）；尽管GoCD的插件生态系统不像Jenkins那样广泛，但它仍然有一个不断发展的插件生态系统；可以处理用户身份验证和用户授权；它是最好的CI/CD工具之一，因为它可以与Windows、macOS、Docker等一起使用；与其他CI/CD Pipeline工具一样，在GoCD中配置依赖项很容易；支持并行执行，这是DevOps测试的必备功能。

⑦ CodeShip。

CodeShip是一个托管的持续集成平台。如果使用GitHub进行版本控制系统，则使用CodeShip可以大大提高效率，主要原因是它能够直接从 GitHub 项目进行测试、创建和部署。

CodeShip 的显著特点有：使用 CodeShip，开发人员可以严格控制 CI/CD 系统的设计，此外他们可以根据自己的要求自定义环境和工作流程；它支持广泛的集成功能——安全扫描工具、本地 SCM、部署工具和通知工具；它提供了一个简单的 Web 界面，使设置 CI/CD 变得非常容易；它有两个版本——CodeShip Basic 和 CodeShip Pro；用户可以使用 SSH（安全外壳）从 CI 环境本身调试创建；用户可以为每个服务清理缓存，防止每次都从头开始创建 Docker 镜像，从而加快 CI/CD 过程。

（5）DevOps 平台

DevOps（Development 和 Operations 的组合词）是一组过程、方法与系统的统称，用于促进开发（应用程序/软件工程）、技术运营和质量保障（QA）部门之间的沟通、协作与整合。它是一种重视软件开发（Dev）人员和 IT 运维技术（Ops）人员之间沟通合作的文化、运动或惯例。透过自动化软件交付和架构变更的流程，来使得构建、测试、发布软件能够更加地快捷、频繁和可靠。它的出现是由于软件行业日益清晰地认识到：为了按时交付软件产品和服务，开发和运维工作必须紧密合作。

DevOps 就是一套便捷、适合于公司的体系，这套体系包括开发到测试再到运维的整个流程，DevOps 的三个阶段如图 4-31 所示。总之有了这个体系就能更加快速地实现客户的需求，更好地服务客户。

DevOps 平台在研发过程中，集成了许多的第三方工具来完善持续集成的流程，如 Jira、GitLab、Jenkins 等。

DevOps 平台所有集成的第三方服务信息都保存在平台管理的服务集成页面。

① 介质服务器。

DevOps 平台采用的介质服务器类型为 NEXUS。NEXUS 是一个强大的 Maven 仓库管理器，它极大地简化了本地内部仓库的维护和外部仓库的访问流程。

② 构建引擎。

DevOps 平台采用的构建引擎类型为 Jenkins。Jenkins 是一个开源软件项目，是基于 Java 开发的一种持续集成工具，用于监控持续重复的工作，旨在提供一个开放易用的软件平台，使软件的持续集成变成可能。

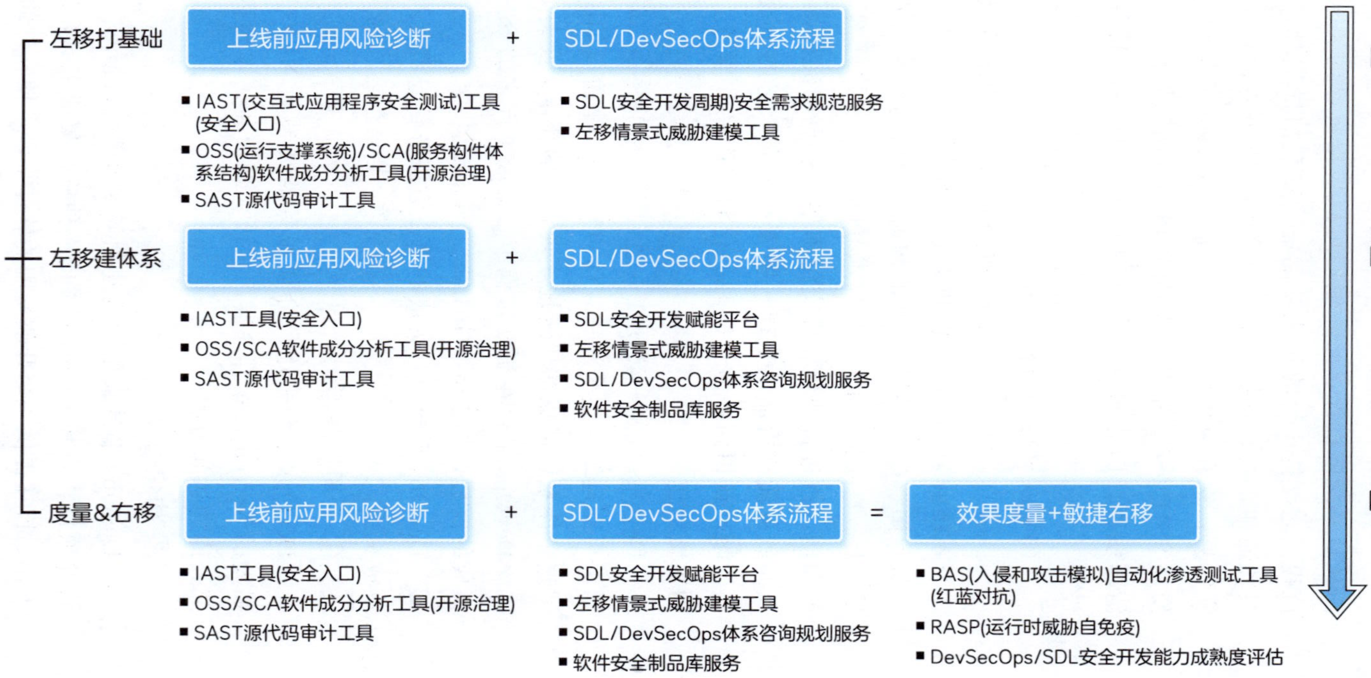

阶段一 + 阶段二 + 阶段三

左移打基础

上线前应用风险诊断
- IAST(交互式应用程序安全测试)工具(安全入口)
- OSS(运行支撑系统)/SCA(服务构件体系结构)软件成分分析工具(开源治理)
- SAST源代码审计工具

+

SDL/DevSecOps体系流程
- SDL(安全开发周期)安全需求规范服务
- 左移情景式威胁建模服务

左移建体系

上线前应用风险诊断
- IAST工具(安全入口)
- OSS/SCA软件成分分析工具(开源治理)
- SAST源代码审计工具

+

SDL/DevSecOps体系流程
- SDL安全开发赋能平台
- 左移情景式威胁建模工具
- SDL/DevSecOps体系咨询规划服务

度量&右移

上线前应用风险诊断
- IAST工具(安全入口)
- OSS/SCA软件成分分析工具(开源治理)
- SAST源代码审计工具

+

SDL/DevSecOps体系流程
- SDL安全开发赋能平台
- 左移情景式威胁建模工具
- SDL/DevSecOps体系咨询规划服务
- 软件安全制品库服务

=

效果度量+敏捷右移
- BAS(入侵和攻击模拟)自动化渗透测试工具(红蓝对抗)
- RASP(运行时的威胁自免疫)
- DevSecOps/SDL安全开发能力成熟度评估

图 4-31 DevOps 三个阶段

Jenkins 是 DevOps 平台很重要的一个组成部分，CI/CD 就靠 Jenkins 来实现，用户可以在 DevOps 平台构建任务，如 Maven 构建，还可配置定期执行或触发执行该构建任务，将用户从繁琐的构建工作中解脱出来。

③ 部署引擎。

DevOps 平台采用的部署引擎与构建引擎类型同为 Jenkins。

④ 质量分析服务器。

DevOps 平台采用的质量分析服务器为 SonarQube。SonarQube 是一个用于代码质量管理的开源平台，用于管理源代码的质量。通过插件形式，可以支持包括 java、C♯、C/C++、PL/SQL、Cobol、JavaScrip、Groovy 等二十几种编程语言的代码质量管理与检测。

⑤ 项目管理服务器。

DevOps 平台的项目管理概览和任务三大模块采用的是 Jira 和 Zentao 这两个专业化的工具，用户可以很便捷地在 DevOps 平台查看编辑项目的基本信息、新建一个迭代和查找指派给自己的需求任务 Bug，提高工作效率。

Jira 是 Atlassian 公司推出的项目与事务跟踪工具，被广泛应用于缺陷跟踪、客户服务、需求收集、流程审批、任务跟踪、项目跟踪和敏捷管理等工作领域。

Zentao 是国产的开源项目管理软件，专注研发项目管理、内置需求管理、任务管理、Bug 管理、缺陷管理、用例管理、计划发布等功能，实现了软件的完整生命周期管理。

⑥ 容器云服务器。

DevOps 平台集成的容器云服务器类型为 K8s。

容器云以容器作为资源分割和调度的基本单位，封装整个软件运行时环境，为开发者和系统管理员提供用于构建、发布和运行分布式应用的平台。

⑦ 镜像服务器。

DevOps 集成的镜像服务器类型为 Harbor。

Harbor 是一个用于存储和分发 Docker 镜像的企业级 Registry（注册）服务器，通过添加一些企业必需的功能特性，如安全、标识和管理等，扩展了开源 Docker Distribution。作为一个企业级私有 Registry 服务器，Harbor 提供了更好的性能和安全，提升用户使用 Registry 服务器构建和运行环境传输镜像的效率。Harbor 支持安装在多个 Registry 服务器节点的镜像资源复制,镜像全部保存在私有 Registry 服务器中,确保数据和知识产权在公司内部网络中管控。另外,Harbor 也提供了高级的安全特性,如用户管理、访问控制和活动审计等。

⑧ 代码服务器。

DevOps 采用了 GitLab、GitHub 和 SVN 作为代码的管理工具,支撑起了平台的代码模块,用户的项目相关代码都可以存储在以上三种工具中并关联到 DevOps 平台的相应项目里,方便用户查看对比代码,也为后续的 CI/CD 提供了便利。

GitLab 是由 GitLab Inc. 开发,使用 MIT 许可的基于网络的 Git 仓库管理工具,具有 Wiki 和 Issue 跟踪功能,使用 Git 作为代码管理工具,并在此基础上搭建起来的 Web 服务。

GitHub 是一个面向开源及私有软件项目的托管平台,因为只支持 Git 作为唯一的版本库格式进行托管,故名 GitHub。

SVN 是 Subversion 的缩写,是一个开放源代码的版本控制系统,通过采用分支管理系统的高效管理,简而言之就是用于多个人共同开发同一个项目,实现共享资源和最终集中式的管理。

⑨ Confluence 服务器。

Confluence 服务器的存在使得整个项目生产过程中的文档有了一个集中存储的地方,方便管理。

Confluence 为团队提供了一个协作环境。在这里,团队成员齐心协力,各显其能,协同地编写文档和管理项目。从此,打破不同团队、不同部门以及团队不同成员之间信息孤岛的僵局,Confluence 真正实现了组织资源共享。

第 5 章

车载SOA——面向服务架构

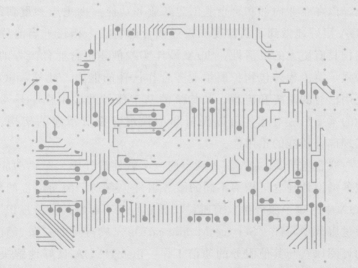

SOA 的概念最初由 Gartner 公司提出，SOA 的全称是 Service-Oriented Architecture，面向服务架构。SOA 是一种在计算环境中设计、开发、部署和管理离散逻辑单元（服务）模型的方法。

5.1　SOA 概述

SOA 是一种架构，不是一种具体的开发技术。真正的软件开发从开始到现在经历了四个阶段，也可以说成是四代：汇编语言开发、面向过程的软件、面向对象的组件开发、面向服务的架构（SOA）开发。SOA 与前面三代的软件开发技术对比，不同点是 SOA 超越了软件开发语言本身，是一种面向服务的架构，与软件开发语言无关。

SOA 作为一种架构范式，展示了技术中立的最佳实践。其建立在标准之上，可在供应商的广泛支持下在全球范围内实现经济高效的实施，以在企业内部和跨企业创建新业务功能方面重用和重新组合服务。SOA 很好地做到了粗粒度和松散耦合的特点，相较于当前分布式物理架构具有更大的灵活性。SOA 最佳实践创建包含业务流程的设计，并增强了将流程外包和扩展给业务合作伙伴的能力。此外，SOA 也可以复用已有的系统和流程，与传统的基于孤岛的应用程序开发更具战术性的本质形成对比，可以保留和增强现有投资承建的架构、软件等，实现部分功能的重用性。

联合电子将 SOA 引入到当前汽车软件设计中，车辆功能被以面向服务的设计理念架构为不同的服务组件。有别于面向信号的传统架构，SOA 中的每个服务都具有唯一、独立且互不影响的身份标识（ID），并通过服务中间件（Service Middleware）完成自身的发布、对其他服务的订阅以及与其他服务的通信工作。由此，SOA 良好地解决了传统架构中因个别功能增减/变更而导致整个通信矩阵与路由矩阵都要变更的问题。更进一步，由于其接口标准可访问的特性，服务组件的部署不再依赖于具体特定的操作系统和编程语言，在一定程度上实现了组件的"软硬分离"。

近年来，随着软件定义汽车的发展，SOA（图 5-1）在汽车上才开始得到应用。汽车 SOA 是对整车智能化的底层能力进行组织。将车端的硬件能力和各种功能 SOA 化，划分为不同的服务，拆分成颗粒度更小的接口。这些服务根据 SOA 标准进行接口设计，基于 SOA 标准协议进行通信。这样，各服务组件之间就可以相互访问，从而扩展了服务的组合形式。

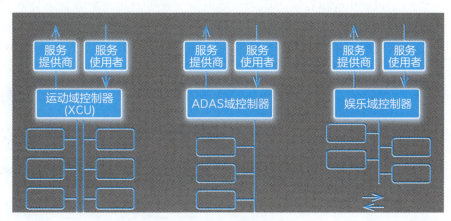

图 5-1　SOA 架构图

5.1.1　车载 SOA 国内外应用现状

在 IT 行业，国外于 1996 年由 Gartner 第一次提出 SOA 思想。2005 年，SOA 开始推广和普及。2007 年，应用厂商希望通过发布标准来推动 SOA 的实施，如 SCA（服务构件体系结构）和 SDO（服务数据对象）通过 OASIS 审核，WS-POLICY 成为 W3C 标准等。如今，SOA 在国外 IT 行业、通信行业、政府部门得到广泛系统性应用。其中，欧美实现 SOA 的关键任务是：对已有系统中的功能进行提取和包装，形成标准化的服务。

在国内，2006 年之前是技术萌芽阶段；2006—2008 年是过热期；2009 年度过了幻灭期；从 2010 年开始进入复苏期；现在正由复苏期迈向成熟期。其中，国内近 30 年的 IT 建设多为生产型系统，服务型系统刚开始建设，大量服务需要全新标准化构造。

在汽车行业，因汽车智能化和网联化需要，尤其是自动驾驶系统应用的需要，车载系统 SOA 技术受到国内外整车企业的关注。国外，2010 年便开始了车载 SOA 的研究工作，形成一定理论基础和实践成果，并对传统汽车电子系统进行革命性创新。宝马公司在新一代的

EEA 中引入了 SOA 的方法，如图 5-2 所示。SOA 为整个系统提供了大量的抽象服务。严格的封装和层次结构允许针对接口和使用敏捷方法进行测试，并且它们降低了系统复杂性。在各代汽车之间重用软件组件将变得更加简单。大众 MEB 平台车载应用服务架构（In-Car Application Server，ICAS）采用了一种可升级的新方法，即采用集中式功能与应用程序软件和 I/O 功能分离的架构，来降低整体系统的复杂性和应用程序之间的依赖性，同时可以高效快速地开发客户功能。

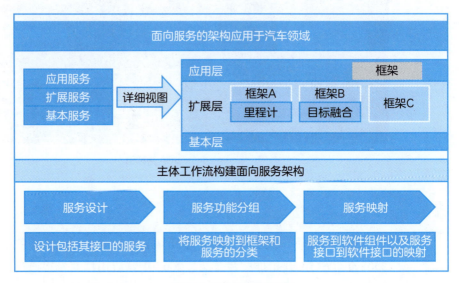

图 5-2　宝马公司的 SOA

国内，上汽组建零束软件子公司，聚焦基于 SOA 技术的智能驾驶系统工程，同时推出"Z-ONE"的 SOA 开放平台，致力于打造上汽 SOA 的软件生态。该平台是以 SOA 理念打造整车功能，将汽车各个功能模块化。同时，可以让第 3 方开发者甚至是普通用户参与到软件功能的打造中。威马汽车在 2021 年 4 月交付的威马 W6 汽车，率先推出了车辆自定义场景编程功能，实现 25 种能力，自定义场景超 100 个，手机端与车机端同步，未来将携手用户及开发者，打开"千人千面"的全新格局。

5.1.2　车载 SOA 应用优势

传统的 CAN 总线通信模式是面向信号的，总线上不断会有周期性的信号发送，因此，总线的负载会随着接入的功能模块不断增加而增大。随着智能汽车自动驾驶等功能的引入，摄像头等诸多传感器接入车载网络通信，传统的 CAN 总线将无法承担如此高的负载。因此，汽车行业提出面向服务的软件架构。面向服务的架构是车载以太网的一个重要特征，它取代面向信号的通信模式，转而以提供服务的方式实现各种功能。服务端可以提供一个客户所需要的服务，如质量、控制信息和其他关于服务的细节都包括在一个服务内，即提供的服务在发送至客户端之前，已经通过某种形式完成了打包，客户端在需要该服务的时候才会向服务端请求服务。这样做大大降低了通信网络上的负载。

汽车软件开发发展趋势如图 5-3 所示，目前采用 SOA 的应用打通了车内的电子电气架构的壁垒，进一步对嵌入式应用软件的接口（即服务接口）进行了标准化，让 APP（Application，应用程序）开发者基于统一基础服务接口进行应用的迭代开发，隐藏了不同车型配置下应用软件的差异，真正做到了整车级软件接口的标准和开放。

图 5-3　汽车软件开发发展趋势

通过服务设计的方式，平台架构升级更便于实现，能够有效降低架构升级带来的复杂度；同时，由于操作系统跨平台的难度大幅度降低，能够大幅提升用户体验，实现更为便捷的联网功能，实现不同平台间的各种 APP 共享等功能；通过"服务 Hub"区域控制器的引入，各种新功能能够灵活地与其他域功能，乃至互联网接口集成，而无须各个控制器各自进行信号到服务的转换；一些相对独立的域开发能够打破界限，找到新的上限，如自动驾驶功能不再是电子电气架构"孤岛"，通过区域控制器进行服务互通，可以轻松实现高清地图的创建、更新及路线预测等功能，便于实现车辆信息的上传及云端指令的下达。

5.1.3 车载 SOA 发展趋势

传统汽车使用由上百个 ECU 组成的分布式 EEA，OEM 定义对各 ECU 的功能需求，由不同供应商负责最终功能实现。这种架构导致大量功能控制逻辑在子节点 ECU 内部完成，传感器、执行器信号被掩埋在分布网络下，仅通过在局部网络的 ECU 部署基于服务的通信，无法实现对整车硬件能力的充分显现。且考虑到基于 SOA 软件平台，未来 SOP（开始量产）的车型也需具备硬件冗余能力以应对 OTA 软件升级，上百个 ECU 的冗余设计将极大增加成本支出，也导致跨域功能 OTA 的实现将涉及数量众多的 ECU。

随着车载芯片算力的提升和高带宽、低时延车载以太网通信技术的落地，EEA 已从分布式演进至域集中（Domain Centralized）式，并向整车集中＋区域（Vehicle Centralized & Zonal）、整车集中（Vehicle Centralized）不断进化，如图 5-4 所示。在高集成度的 EEA 下，域控制器将承担整车主要逻辑，而执行器、传感器将成为纯粹的执行机构，执行控制命令。

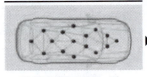

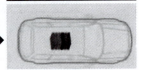

图 5-4 EEA 发展趋势

基于整车集中 EEA 的"硬地基"，SOA 在域控制器上的部署才能够实现整车能力的资源获取，并将其封装为标准的服务和接口向应用层开放。

5.1.4 车载 SOA 与 EEA 的关系

（1）域控制为核心的 EEA

电子电气架构（EEA）的概念从总线引入汽车开始就不断更新和

演化，如今一套完整的整车数字架构所考虑的内容，除了传统的拓扑、网络、线束与电气分配、逻辑功能分配，还需结合整车的功能/信息安全架构、数据架构、计算架构，以及实现通信架构与软件架构的协同、功能架构与服务架构的协同、车内服务与云端服务的协同。

域集中架构（图5-5）由功能域控制器分别通过子网与各功能域内ECU相连接，而域控制器之间则修建通信"高速公路"，通过高带宽的骨干网络相连。拓扑结构只是架构的表象，而表象背后的核心特征是功能逻辑被抽象上移至功能域控制器中。每个域控制器都有对应的集成的信号转服务（Signal to Services）功能，在域控制器中进行功能的分配、功能的集成。而某个域控制器作为云端链接的桥梁，将平行的几个域控制器的逻辑运算功能输入到云端。功能逻辑运算服务的重心在域控制器中。

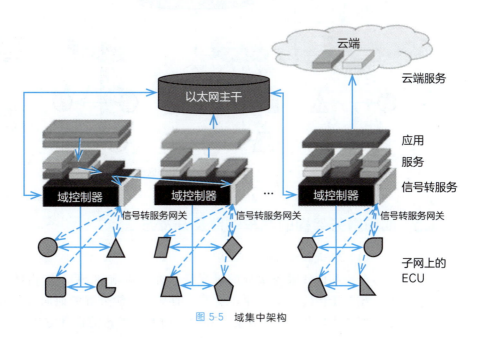

图5-5 域集中架构

（2）域控制为核心的SOA

整车集中和区域架构（图5-6）通过分布在车内各物理区域的区域网关/控制器将车内物理I/O分别就近连接和控制，形成整车数字系统的"手"和"脚"，然后通过骨干网络与系统中的"大脑"控制单元进行连接。连接关系同样只是表象，而核心价值在于将车内软件（运算）

和硬件解耦，彻底实现软件独立"生长"，而硬件同样可以独立"生长"（跨车型平台，或者在车辆生命周期内为用户提供升级服务）。

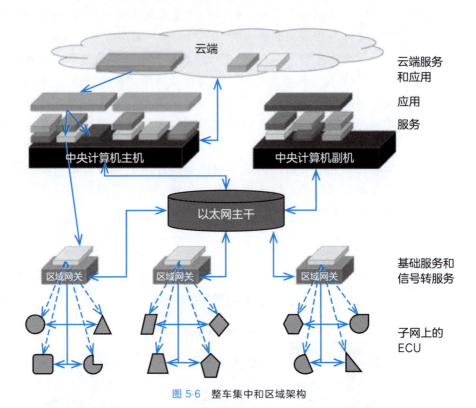

图 5-6　整车集中和区域架构

5.1.5　面向服务架构的汽车软件及开发方法

（1）分析和设计服务架构

分析和设计服务架构的过程是从客户需求到 SOA 产出的分析过程，相对于传统汽车软件开发采用的基于功能分解的面向过程分析方法，"用例驱动的开发方法"和"面向服务架构的设计方法"是 SOA 开发的两个主要方法。

用例（Use Case）驱动的开发方法（图 5-7）指从用户的角度而非开发人员的角度考虑功能需求和系统实现，重视从系统外部观察对系统的使用。由用例驱动的开发活动，可以建立需求和系统功能之间清晰的追溯关系，更好地应对智能网联产品需求的快速迭代更新。

面向服务架构的设计方法（图 5-8）则是以业务为中心，在由用例

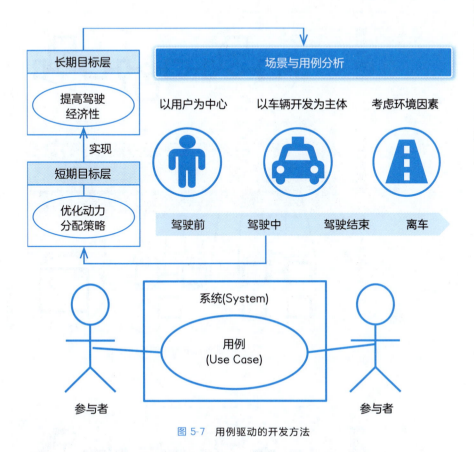

图 5-7　用例驱动的开发方法

分析得到系统功能需求的基础上，对业务逻辑进行抽象和封装，从业务角度寻找候选服务（Service Candidate），从架构角度强调服务的重用性（Reusable）、自主性（Autonomous）以及组合扩展性（Composable）特点，充分发挥 SOA 设计理念的优势，而不是仅仅作为技术实现方式。

① 系统需求分析。整个 SOA 模型分为业务过程层、服务接口层和应用程序层三部分。SOA 业务过程层专注于业务逻辑的分析，服务接口层聚焦于候选服务的设计和分析，应用程序层则体现面向服务的系统架构和软件架构设计。系统需求分析聚焦 SOA 的最上层——业务过程层（图 5-9）。概括来说，需求分析指的是充分理解在用户具体使用场景下的真实业务过程并进行设计，为后续抽象和封装服务提供充足的语境信息。

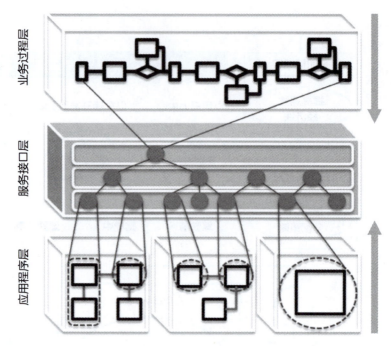

图 5-8　面向服务架构的设计方法

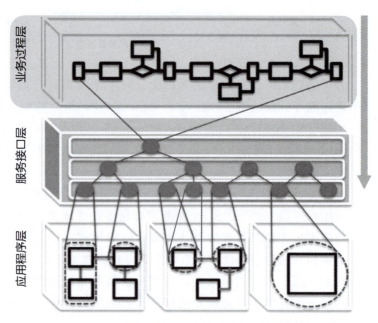

图 5-9　系统需求分析聚焦 SOA 业务过程层

② 系统功能分析。系统功能分析（图 5-10）搭建起了 SOA 的业务过程层和服务接口层之间的桥梁，其过程就是从第一步系统需求分析的产物——业务过程和系统用例，向服务过渡，目的是得出构成候选服务的服务操作（Operation）。系统功能分析具体可描述为：设计用例的实现场景步骤，对系统用例逐个进行分析细化，描述系统如何与参与者（Actor）一起实现每个用例，从而得到系统与参与者、与外部系统的界限及信息交互，最终得出对系统的功能要求。这些功能要求直接作为候选服务操作（Business Service Operation Candidates）。

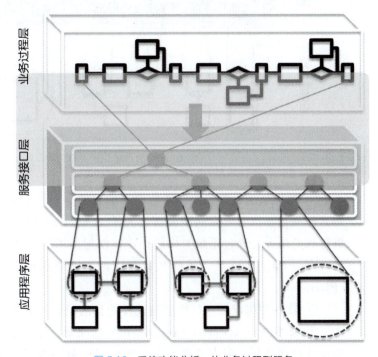

图 5-10 系统功能分析：从业务过程到服务

③ 候选服务分析。候选服务分析聚焦 SOA 的中间层——服务接口层（图 5-11）。候选服务分析的目的是对业务逻辑进行抽象和封装，从业务角度寻找候选服务（Service Candidate）。值得强调的是，分析候选服务需要跳出特定功能开发，从架构角度强调业务的重用性（Reusable）、自主性（Autonomous）以及组合扩展性（Composable）等特点，特别考虑候选服务在企业业务范围内潜在的重用可能，充分发挥 SOA 设计理念的优势，而不是仅仅作为技术实现方式。

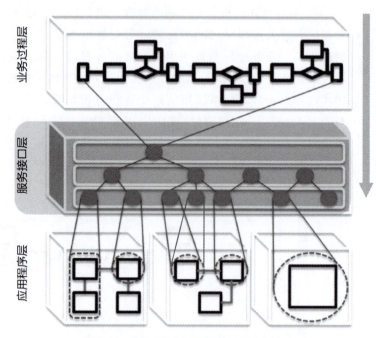

图 5-11　候选服务分析聚焦 SOA 的服务接口层

④ 系统架构设计。系统架构设计的目的是设计和得到服务与架构要素的映射，以及要素间服务调用关系。图 5-12 中实心小圆圈代表分析得到的服务，通过系统架构设计，被映射至不同的架构要素（Platform A～C）。在这里，架构要素对应汽车上搭载的不同控制器平台（Platform）。

⑤ 软件架构设计。软件架构设计的目的是设计和得到服务（Service）到服务组件（Service Component）的映射关系，过程与系统架构的设计过程类似，但需要将关注点转移到控制器内部。SOA 中，软件架构的设计受到诸多因素的限制，如以太网通信端口资源、客户具体用例场景的迭代变更等。总体设计思想上，高内聚、低耦合仍是设计的通用原则和架构评价的关键指标。为了应对智能网联软件需求迭代多变的特性，在 SOA 的设计中，还需强调重用性和扩展性，充分的灵活度才能以最小的软件变更应对大量的需求输入。

（2）部署和实现面向服务架构的软件

部署和实现面向服务架构的软件（图 5-13）的过程是以 SOA 软件架构为设计输入，最终开发出软件产品的工作过程。主要包括：对服

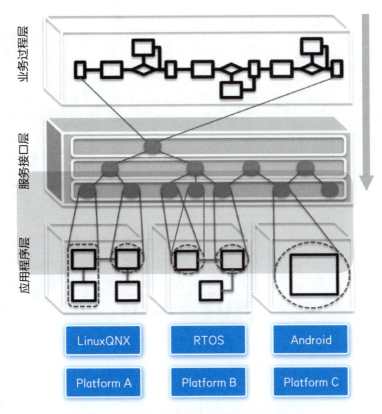

图 5-12 系统架构设计：服务与架构要素的映射

务接口行为的开发和实现，完成服务接口与服务主体逻辑的绑定；针对目标运行环境，完成对服务接口参数、服务主体运行参数的配置；服务接口与应用程序策略逻辑的集成编译。

AutoSAR Adaptive 组件封装了 SOA 软件底层的通信细节（包括 SOME/IP 协议、进程间通信等），同时提供代理（Proxy）-框架（Skeleton）模式，该模式以 C++面向对象语言描述，方便上层应用开发人员调用标准服务接口（API）进行开发。如图 5-14 所示，应用软件设计模型（Application Design Model）是该模式另一种可配置的呈现，开发人员通过使用相应的配置工具对 Application Design Model 进行描述和配置，即可实现基于 SOA 的软件落地和部署。

① 车载 SOA 实现方案。汽车软件领域，一般遵循 AutoSAR Adaptive 标准来完成 SOA 中间件的部署和应用。AutoSAR Adaptive

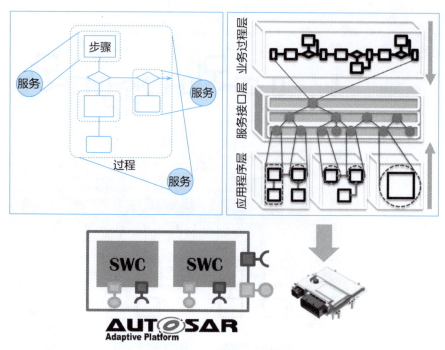

图 5-13　部署和实现面向服务架构的软件

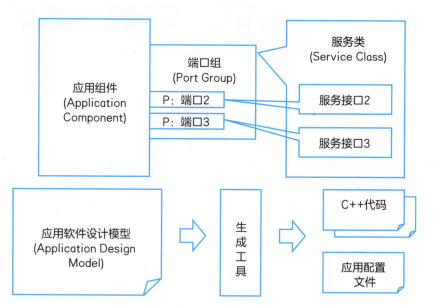

图 5-14　应用软件设计模型

组件采用经典的代理（Proxy）-框架（Skeleton）模式（图 5-15）来完成 SOA 模型的描述。

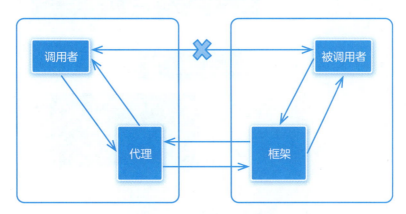

图 5-15　Proxy-Skeleton 模式

这种模式将原本直接交互的调用者（Client）与被调用者（Server）分离，由代理负责传递信息来完成调用，Client 和 Server 不需要处理通信层详细信息。同时，AutoSAR Adaptive 厂商基于 C++ 语言具体实现代理-框架模式，确保应用服务开发人员可以灵活配置自定义的服务接口，并结合对应工具生成服务组件的架构模型（Service Component Architecture，SCA）代码（.cpp/.cc）和配置文件（.json）。

② SOA 服务组件实现和部署的具体步骤。SOA 服务组件"实现和部署"的整个过程以面向服务的软件架构为输入，还需将业务（功能）逻辑与基础设施逻辑集成，最终编译成可执行的服务组件（Service Component），如图 5-16 所示。

整体服务组件（Service Component）由服务单元（Service）提供的"业务逻辑"和适配目标系统环境相关的"基础设施逻辑"两部分组成。在开发过程中，这两部分是解耦的，可同时进行的，且软件形态是灵活的。服务单元（Service）的业务逻辑可以是源码或被封装为 SDK 形式，且不关心具体的编程语言；基础设施逻辑（Interface 和 Message）则以 C++ 的形态编码，与服务管理中间件一起确保服务的动态响应性和服务自身的可扩展性，其软件形态同样可以是源码或 SDK 形式。两种逻辑在服务组件集成和安装部署步骤中的输出见表 5-1。

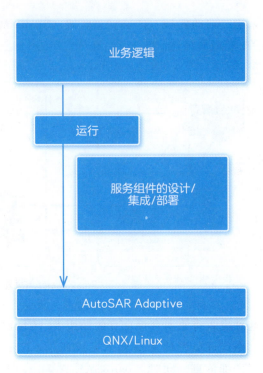

图 5-16 服务组件（Service Component）

表 5-1 业务逻辑和基础设施逻辑的输出

流程步骤	工作产品输出	
	业务逻辑	基础设施逻辑
服务组件接口设计	源码/SDK	数据类型，服务接口，服务端口映射（源码/SDK）
服务组件实现设计	源码/SDK	服务实现端口，服务通信协议等与目标环境适配的描述文档（.json）
服务组件的安装和部署	可执行文件（.bin）	服务组件适配目标环境的配置文档（.json）

（3）记录面向服务的架构

① 核心模型设计。

SOA 的软件架构设计离不开服务模型的设计。针对服务组件，SOA 定义了服务组件的架构模型（SCA），模型中的主要元素分为服务接口和服务实现两大类。

② 图表设计。

SOA 设计和软件架构（Architecture）数据应以图表形式进行可视化。

面向服务的体系结构图（SOAD）：该图应可视化给定功能或服务、服务角色（服务提供者和服务使用者）、服务端口和服务接口。

面向服务的软件架构图（SWAD）：一旦 SOA 定义完成，就应该定义软件组件方面的服务部署。此图显示了用于数据交换的软件组件、软件端口及其之间的连接（软件程序集连接器），还应显示每个软件组件上部署的逻辑功能。

③ 服务设计。

a. 服务定义。服务使用 SOME/IP 总线向客户端提供一些功能。所提供的功能既可以作为请求消息公开，也可以作为发送消息公开。每个服务都有一个用于服务注册和发现的唯一 ID。服务使用者应使用此 ID 识别服务，并根据定义的接口使用其功能，尽管服务定义不一定要有使用者。

b. 服务集群划分。服务是基于子系统重新划分集群的。

c. 服务描述模板。服务描述必须包括以下信息：

服务描述：服务目的的简单描述。

消息类型：方法或事件。

信息名称。

消息描述：消息用途的简短描述。

消息输入参数：此规范类型使用的输入参数的完整列表。

返回参数：此规范类型使用的返回参数的完整列表。

此外，必须描述枚举和自定义类型。

(4) 车载 SOA 开发流程和开发工具链

SOA 的设计开发流程也是从规范体系建设（图 5-17）开始。初期的时候，需要对 SOA 的协议需求规范进行梳理和落地；然后，做全局规划类规范，包括 SOA 设计流程和指导准则以及相关以太网的属性（如 SOME/IP 属性的命名要求以及相关 ID 定义的一些技术要求）；最后，基于所选的 SOA 的服务进行整个 SOA 设计过程中需要交付的规范模板的制订。

SOA 开发流程分为三大部分：架构分析、架构设计、架构实现。

图 5-18 中间部分是整个 SOA 开发的流程，右边第一列为对应的左

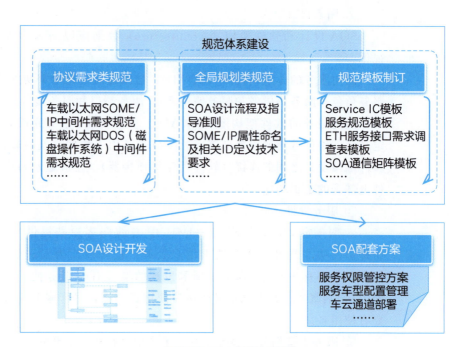

图 5-17 SOA 规范体系建设

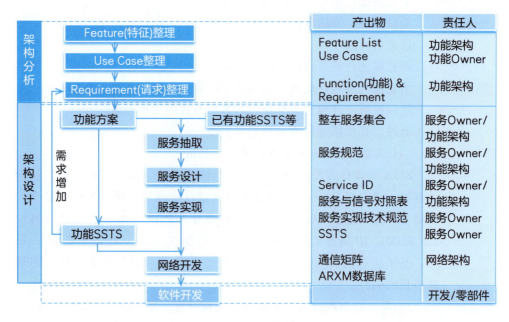

图 5-18 SOA 开发流程

边开发过程的交付文档,第二列是相关的负责人。从图中可以看到,相关责任人多出一个功能 Owner(所有者)这个概念,这个是 SOA 开发过程中衍生出的一个新角色。

① 架构分析。首先需要根据 OEM 整车配置,或参考供应商规划或分析未来整车功能的趋势,整理出适合 SOA 的 Feature List(特征清单),对 Use Case 进行梳理,提出更细化的需求,生成一个较为完整的功能方案,做功能到服务的转化设计。整理出 Feature List,并对 Feature(特征)进行一轮梳理,确定需要进行 SOA 服务化的 Feature;完成 Feature 的详细定义,如 Sub-Feature(子特征)及其具体描述。

② 架构设计。功能方案这里分为两个过程:一个是自上而下的开发过程,即从功能方案到功能 SSTS(子系统技术规范);一个是自下而上的开发过程,即对已有功能服务的转化。整个功能方案中,一部分是服务的设计和实现,功能 SSTS(子系统技术规范)还是像传统的架构一样也需要作为交付文档集中到软件开发。整个架构设计流程是:通过功能方案的一个大致落地,对服务进行抽取,形成整车服务的集合。服务集合包含服务、服务接口大致的定义。每个负责服务的 Owner 对自己负责的服务进行服务规范的梳理。服务规范是对服务和服务接口的详细描述,定义服务类型、服务依赖关系、服务的错误处理、服务存在应用的场景等。

③ 架构实现。接着对服务进行一个详细的实现设计,里面包括 Service ID,它是服务规范和服务实现技术规范的一个过程文档。如果服务涉及 CAN 信号的一个转换,需要一个服务对应信号的对照表。后面整个开发流程是输出相关的 SSTS 文档,服务 Owner 会基于集合定义的服务规范,去填写服务接口需求表文档交付到网络开发,作为网络通信矩阵开发的一个输入。网络开发会交付相关的通信矩阵和相关的 ARXML 数据库,然后提供给软件开发作为文档的输入。软件开发需要输入的文档包括服务技术规范、服务 SSTS、通信矩阵以及 ARXML 数据库等。需要说明的是,服务技术规范跟服务 SSTS 是要搭配使用的。

SOA 通信设计关注的重心为:不同操作系统不同协议栈中代码实现的完整性和相互通信的兼容性,以适配上层服务接口及服务通信的设计;不同协议栈当前的底层问题对上层设计方案的影响;不同商业 AutoSAR 协议栈对于输入的 ARXML 数据库的配置兼容性;不同协议栈 ECU 之间的通信兼容性。

5.2 SOA 技术相关协议

  2011 年，宝马公司开发设计了一套中间件，能够实现以服务为导向的通信方式。该中间件区别于传统以信号为导向的通信方式，不仅能够大大减少网络负载以提高通信双方的效率，同时引入以太网通信也能够大大满足未来车辆不断增长的通信需求。面向信号的数据传输不管网络需不需要，始终会不断循环发送；而面向服务的通信方式则不同，只有当网络中至少存在一个接收方需要这些数据时，发送方才会发送数据，这是面向服务通信方式的显著优点。宝马公司将该面向服务的通信方式叫作 SOME/IP。该协议跟以太网密切相关，SOME/IP 就是运行在车载以太网协议栈基础之上的中间件，或者也可以称为应用层软件。SOME/IP 由于其知名度正逐渐被 AutoSAR 接纳。

  SOME/IP 协议是一个中间件协议，是汽车以太网的应用层核心协议之一。在进行 SOA 通信时，需要定义从功能抽象出来的服务和服务接口，而 SOME/IP 协议是一个定义服务格式和服务通信规则的中间件协议，提供了标准的服务接口，可以在不同编程语言的系统之间实现通信。

  （1）SOME/IP 协议概览

  SOME/IP 的全称为 Scalable Service-Oriented Middleware Over IP。Scalable：该协议设计的初衷之一就是为了实现不同硬件平台、不同操作系统或嵌入式固件以及不同应用软件的异构设备之间的可扩展性和互操作性。Service-Oriented：表明它是一种面向服务的基本协议，因此仅当客户端请求或服务器通知特定订阅者时，才在客户端-服务器配置中交换数据，这就确保了永远不会浪费带宽，并且仅在需要的时间和地点进行数据通信/交换。Middleware：它也是一种中间件，即其位于应用层，有自己的通用协议层，可处理更具体的操作及应用。Over IP：它也是一个基于以太网的协议，使用类似的硬件接口，确保高达 100Mbps 的带宽。同时，数据通过中间件和网络电缆使用 TCP（传输控制协议）或 UDP（用户数据报协议）进行通信。当客户端需要来自服务器的数据时，它可由客户端使用 TCP 进行请求。如果服务器必须将数据传送给所有活动的订阅者，则可通过 UDP 传输。UDP 上的数据通信可以是单播、多播或广播。图 5-19 展示了 SOME/IP 协议在车载以太网协议栈中的位置以及与其他模块的关系。

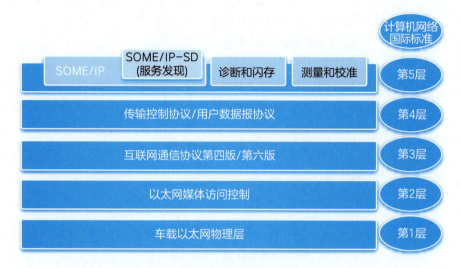

图 5-19　SOME/IP 协议与车载以太网协议栈的关系

① SOME/IP 的必要性。

汽车内部通信最常用的就是 CAN 总线，但是 CAN 总线的局限性也很明显：速度低，普通 CAN＜500Kbps，高速 CAN 为 1Mbps，CANFD 为 5Mbps；有效数据载荷之外的额外开销大，甚至超过 50%；报文有效数据长度太小，普通 CAN 为 8B（字节），CANFD 为 64B。CANFD 是在能与传统 CAN 协议兼容前提下做的扩充，但架不住汽车上功能越来越多越来越复杂，尤其是智能座舱、智能驾驶、OTA 等相关功能的引入，需要更快速、支持大量数据传递、更能适应复杂汽车软件架构的通信协议。

针对上面 CAN 总线的局限，SOME/IP 协议至少在以下几方面进行能力提高。

a. 速度提高：典型车载以太网速度为 100Mbps，1000Mbps 的以太网也很常见，尤其是在智能座舱和智能驾驶的域控制器中，千兆以太网是标配。将来，随着光纤以太网的应用，速度达到 1G～10Gbps 也不会太远。

b. 报文长度扩大：基于 UDP 时，SOME/IP 报文的长度最大可以有 1400B，超过 1400B，可以使用 TCP。AutoSAR Classic 有一个 SOME/IP Transport Protocol（传输协议），这个协议支持对超过 1400B 的报文进行分隔传输。

c. SOME/IP 协议的设计上引入了面向服务的概念，有利于各种车载应用的模块化设计和互操作。

② SOME/IP 协议解析。

SOME/IP 作为一种通信协议，数据结构如图 5-20 所示。一个完整的 SOME/IP 消息包含以下内容：Message（消息）ID［包括 Sevice（服务）ID 或者 Method（方法）ID］、Length（消息长度）、Request（请求）ID、Protocol Version（协议版本）、Interface Version（接口版本）、Message Type（消息类型）、Return Code（返回编码）、Payload（数据负载）。

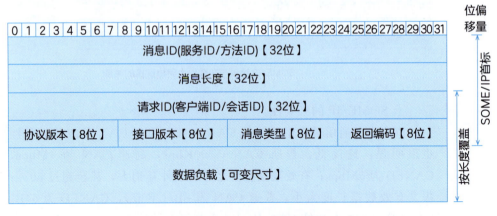

图 5-20　SOME/IP 协议数据结构

a. Message ID。SOME/IP 报文的报文 ID 长度为 32 位（bit），包含 Sevice ID 和 Method ID，每一个 SOME/IP 报文应该有唯一的报文 ID。当定义为 Method 时，Method ID 的最高有效位为 0；当定义为远程过程调用（RPC）的 Method 或者 Event（事件）时，Method ID 的最高有效位为 1，此时的 Method ID 又叫作 Event ID。每一个服务应该由唯一的服务 ID 作为标识，长度为 16 位；在同一个服务中，不同的 Method 和 Event 也应该有唯一的 Method ID 或 Event ID 作为标识，Event ID 和 Method ID 的长度至少为 15 位。Event ID 和 Method ID 数据结构如图 5-21 和图 5-22 所示。

| Service ID [16 bit] | 1 [1 bit] | Event ID [至少15 bit] |

图 5-21　Event ID 数据结构

| Service ID [16 bit] | 0 [1 bit] | Method ID [至少15 bit] |

图 5-22　Method ID 数据结构

b. Length（消息长度）。消息长度为 32 位，包含 SOME/IP 报文长度字段之后的所有长度，即从 Request ID 到 Payload 的长度。

c. Request ID。Request ID 的长度为 32 位，由 Client（客户端）ID 和 Session（会话）ID 组成，如图 5-23 所示。Client ID 是客户端/服务器的唯一标识，Session ID 是客户端和服务器之间通信过程中每次调用的标识，可以根据不同的应用场景，决定是否使用 Session ID。例如，前后两次远程控制音乐播放器切换到下一曲时，两次的 Request ID 是不同的，需要加以区分。

| Client ID [16 bit] | Session ID [16 bit] |

图 5-23　Request ID 数据结构

d. Protocol Version（协议版本）。SOME/IP 的协议版本字段的长度为 8 位，用来表示当前使用的协议的类型。

e. Interface Version（接口版本）。接口版本字段的长度为 8 位，表示不同服务类型的接口版本，调试工具可以基于该字段识别不同版本的服务接口。

f. Message Type（消息类型）。消息类型字段长度为 8 位，用于区分不同类型的 SOME/IP 报文。根据 SOME/IP 通信机制的需求和通信行为，有如表 5-2 所示的消息类型。

表 5-2　消息类型

ID	报文名称	描述
0x00	REQUEST	等待响应的请求
0x01	REQUEST_ NO_ RETURN	免火请求
0x02	NOTIFICATION	通知/事件回叫请求预期无响应
0x80	RESPONSE	响应消息

续表

ID	报文名称	描述
0x81	ERROR	包含错误的响应
0x20	TP_REQUEST	等待响应的 TP（传输协议）请求
0x21	TP_REQUEST_NO_RETURN	TP 免火请求
0x22	TP_NOTIFICATION	通知/事件回叫 TP 请求预期无响应
0xa0	TP_RESPONSE	TP 响应消息
0xa1	TP_ERROR	包含错误的 TP 响应

无故障发生时，请求报文（报文类型 0x00）会被响应报文（报文类型 0x80）应答；如果发生故障，将会被 ERROR（错误）报文（报文类型 0x81）应答。可以发送无须响应的请求报文（报文字段为 0x01），通过 NOTIFICATION（报文类型 0x02）发送状态信息。

g. Return Code（返回编码）。返回编码字段长度为 8 位，用于表示请求是否被成功处理。一般情况下，REQUEST、NOTIFICATION 和 REQUEST_NO_RETURN 类型的 SOME/IP 报文的返回码字段为 0x00（E_OK）。RESPONSE 和 ERROR 报文所允许的返回码具体如表 5-3 所示。

表 5-3 Return Code（返回码）

ID	报文名称	描述
0x00	E_OK	没有发生错误
0x01	E_NOT_OK	发生未指定的错误
0x02	E_UNKNOWN_SERVICE	请求的服务 ID 未知
0x03	E_UNKNOWN_METHOD	请求的方法 ID 未知，服务 ID 是已知的
0x04	E_NOT_READY	服务 ID 和方法 ID 是已知的，应用程序未运行
0x05	E_NOT_REACHABLE	系统运行服务不可达（仅内部错误代码）
0x06	E_TIMEOUT	发生超时（仅限内部错误代码）
0x07	E_WRONG_PROTOCOL_VERSION	不支持 SOME/IP 协议的版本
0x08	E_WRONG_INTERFACE_VERSION	接口版本不匹配
0x09	E_MALFORMED_MESSAGE	反序列化错误，以致无法反序列化有效负载

续表

ID	报文名称	描述
0x0a	E_WRONG_MESSAGE_TYPE	收到意外的消息类型（例如，定义为REQUEST的方法的REQUEST_NO_RETURN）
0x0b	E_E2E_REPEATED	重复E2E（End to End，端到端的通信）计算错误
0x0c	E_E2E_WRONG_SEQUENCE	E2E序列错误
0x0d	E_E2E	未进一步指定E2E错误
0x0e	E_E2E_NOT_AVAILABLE	E2E未提供
0x0f	E_E2E_NO_NEW_DATA	无E2E计算的新数据
0x10-0x1f	RESERVED	保留一般的SOME/IP错误，这些错误将在本文档的未来版本中指定
0x20-0x5E	RESERVED	保留服务和方法的特定错误，这些错误由接口规范指定

h. Payload（数据负载）。有效载荷字段用于携带应用层通信数据，基于传输层使用的不同协议，SOME/IP报文有效载荷的长度有不同的限制。使用UDP时，SOME/IP的有效载荷长度最大为1400字节。如果应用层要传输的数据长度大于1400字节，并且依据使用场景和通信机制的需要，要求使用UDP进行传输。可以在通信双方的应用层使用SOME/IP传输协议（SOME/IP TP），发送方在应用层把要传输的数据分段，分段后的数据有特有的服务和序列标志，并通过UDP将SOME/IP片段发送到接收方，接收方的应用层按顺序重组原来的SOME/IP数据，实现UDP传输大的应用数据。因TCP通信时在发送方和接收方之间建立了点对点的连接，并且允许在传输层对传输数据进行分段，故在传输大的应用层数据时，不需要在应用层进行分段，SOME/IP报文的有效载荷长度可以更大。

（2）SOME/IP通信机制

SOME/IP是一种基于服务的中间件通信协议，包括远程过程调用（RPC）和Event。RPC是指一个通信节点向另一个通信节点请求服务，这种类型统称为Method。Method多用于客户端向服务器发送控制命令，根据服务器是否有反馈结果分为请求/响应（Request/Response，R/R）通信和即发即忘（Fire&Forget，F&F）通信。Event可以类比为传统的 CAN 报文，用以发布状态，根据实际的应用场景，可以有不同的发送方式。在 SOME/IP 中，还定义了 Field（域）用以表示某一功能的状态量，可以通过 Method 发布控制命令，即 Setter（设值）；也可以通过 Method 去请求获取状态，即 Getter（读取）；在状态发生改变时也可以发送通知，即 Notification（同 Event）。

① Request/Response（R/R）通信。

R/R 通信是 SOME/IP 中最常见的 RPC 通信的 Method 之一，客户端先向服务器发送请求报文，服务器返回响应报文。客户端会根据需要请求的服务内容构建请求报文的报头和有效载荷，包括报文 ID、长度字段的值、请求 ID、协议版本、接口版本、报文类型和返回码，请求报文的报文类型为 REQUEST，返回码为 0x00（E_OK）。服务器根据收到的请求报文的内容，执行对应的服务之后发送响应报文，响应报文的作用是反馈客户端请求的服务的执行结果。服务器在构建响应报文时，复制请求报文的报头，其中报文 ID、请求 ID、协议版本和接口版本的值不发生改变，依据实际情况设置长度字段的值、报文类型和返回码，并将客户端请求服务的执行结果放在有效载荷中。若客户端请求的服务被成功执行，报文类型为 RESPONSE，返回码为 0x00（E_OK）；若客户端请求的服务没有被成功执行或通信出现错误，报文类型为 ERROR，并依据具体的错误类型设置返回码的值。

因为 R/R 通信会将服务的执行结果反馈给客户端，在客户端对请求服务功能的结果有较高的要求时，如与安全相关，推荐使用 R/R 通信。为了使 R/R 通信请求的服务被正确执行，可以在客户端的应用程序中使用一种响应监测机制。客户端在发送请求报文后，如果在规定的时间内没有收到服务器反馈的响应报文，客户端则再次发送请求报文，其中延时时间和重复发送报文的数量可以根据需求自定义。R/R 的通信方式如图 5-24 所示。

② Fire&Forget（F&F）通信。

F&F 通信是 SOME/IP 中的另一种 RPC 通信 Method，客户端向服务器发送请求报文，服务器不会有响应报文反馈。F&F 通信中，客户端发送请求报文和 R/R 通信中客户端行为一样，不同的是 F&F 通信时，请求报文的报文类型为 REQUEST_NO_RETURN，返回码为 0x00（E_OK）。服务器在收到请求报文后，执行相应的服务功能，但并不会对客户端反馈服务的执行结果。F&F 通信机制因没有响应报

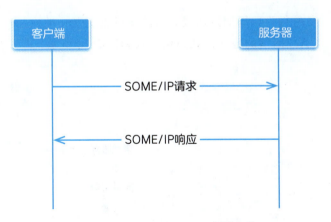

图 5-24　Request/Response 通信方式

文，故不能够保证客户端请求的服务被服务器正确执行，客户端对请求的服务功能的结果没有很高的要求时，如用于仪表显示，可以使用 F&F 通信。F&F 的通信方式如图 5-25 所示。

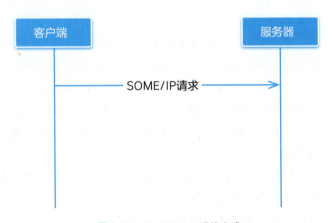

图 5-25　Fire&Forget 通信方式

③ Event（或 Notification）。

SOME/IP 中定义了 3 种不同的 Event 发送方式，分别是周期发送、值改变触发和值改变大于某一范围触发。SOME/IP 中的 Event 在网络中的发送是基于事件组传输的，要为定义的每一个 Event 分配事件组，同一个 Event 可以存在于不同的事件组，但不能定义空的事件组。Event 的收发基于 SOME/IP 的发布和订阅行为，在 SD 通信时，客户端订阅服务器的事件组，在正常的 SOME/IP 通信时，依据定义的发送行为，周期发送或者只改变触发 Event 的发送。Event 可以类比成 CAN 网络的报文，其通信方式如图 5-26 所示。

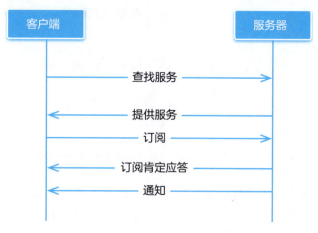

图 5-26　Event（或 Notification）通信方式

④ Field。

Field 表示一种功能的状态，可以用来表示某一状态量，如车门、车窗等，Field 由 Setter、Getter 和 Notification 中至少一个组成。

a. Setter 实际上是一种特殊的 R/R 通信，客户端发送的请求报文的有效载荷中存放设置 Field 表示状态量的控制命令。和 R/R 不同的是，在服务器响应报文的有效载荷中放的是 Field 表示的状态量被设置后的值。

b. Getter 同样是 R/R 通信的一种，客户端发送请求报文的有效载荷为空，服务器通过识别请求报文的报文 ID，然后将 Field 表示的状态量的当前值放在响应报文的有效载荷中。

c. Notification 指的是 Field 表示的状态量的值，当 Field 表示的状态量的值发生改变或被外界触发时发送 Notification。Notification 通信和 Event 一样，需要分配到事件组和使用 SD 报文订阅。

Field 的通信方式如图 5-27 所示。

基于 SOME/IP 不同通信方式的通信行为，结合当前阶段的标准和前沿技术分析，在进行通信系统设计的服务定义阶段，可以根据以下原则选取不同的 SOME/IP 通信方式：

① Method 多用于控制命令。其中，R/R 通信因需要服务器将服

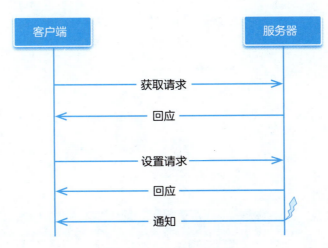

图 5-27 Field 的通信方式

务执行结果反馈给客户端，客户端对请求服务的执行结果要求比较高，用于车内和安全相关性较高的控制命令，如主动安全、制动等功能开启关闭的控制命令；F&F 通信因服务器不需要反馈服务执行结果给客户端，可用于车内对安全要求不高的控制命令，如收音机、多媒体开启关闭等控制命令。

② Event 用于通知、发送具体的应用数据，如歌曲信息、导航地图等。

③ Field 通常用于表示一个状态量，如车窗、车门状态，可以通过控制来设置、获取状态量的值，或在该状态量发生变化时去发出通知。

因 SD 通信可以高效地完成服务事件组的订阅，故在进行系统设计时，多使用 Event 和 Notification，少使用 Method 通信。

第 6 章

基于云管端的跨域协同方式

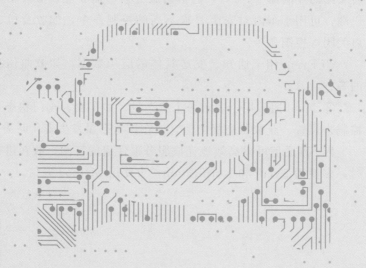

6.1 智能汽车自动驾驶系统

自动驾驶系统主要由四部分或五部分组成，常见五部分组成包括环境感知、定位、建图、路径规划以及控制执行。自动驾驶系统结构如图 6-1 所示。

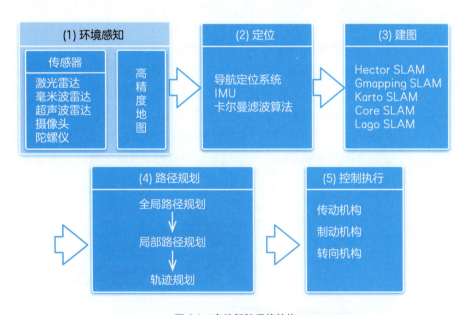

图 6-1 自动驾驶系统结构

① 环境感知子系统包括激光雷达、毫米波雷达、超声波雷达、摄像头、陀螺仪等传感器以及高精度地图；

② 定位需要 GPS（全球定位系统）或者北斗导航定位系统、IMU、速度传感器、加速度传感器，以及利用卡尔曼滤波算法作为定位算法；

③ 建图方式包括 Gmapping SLAM（即时定位与地图构建）、Hector SLAM、Karto SLAM、Core SLAM、Lago SLAM；

④ 路径规划包括全局路径规划、局部路径规划、轨迹规划；

⑤ 控制执行需要传动机构、制动机构、转向机构等。

6.1.1 环境感知

作为自动驾驶中最为基础的一层，环境感知为定位、建图、决策规划、控制执行提供了最为基础的车辆周围环境信息。

环境感知中，车载传感器通常由激光雷达、毫米波雷达、超声波雷达以及摄像头等设备构成。例如，图 6-2 所示的 Uber 传感器布置方式，汽车顶部装载一个激光雷达，汽车前、后部装载雷达，车轮前后部各装载一个超声波雷达，车辆前部装载前向摄像头，顶部同样装载前向摄像头，车辆侧面装载侧向摄像头，车辆尾灯部位装载后向摄像头，车辆左侧顶部装载侧向以及后向摄像头。

摄像头价格低廉但是检测距离短，遇到遮挡物后检测不准确，容易受强光影响；毫米波雷达可穿透烟雾，抗干扰能力强但成本较高；激光雷达测量距离远却也容易受到不良天气影响，且成本较毫米波雷达更为高昂。图 6-2 中将几种传感器优势互补，根据各自特点安装于车辆指定位置，使探测范围不留死角，避免由于障碍物漏识导致的碰撞事故。

图 6-2　Uber 传感器布置方式

6.1.2 建图

（1）集成地图生成方法

集成地图的生成是自动驾驶不可缺少的一部分，通过表 6-1 中罗列的常见 ROS（机器人操作系统）中的 SLAM 算法，将环境地图信息转变成为计算机语言可识别的信息，为路径规划提供必要的环境信息。

表 6-1　常见 ROS 中的 SLAM 算法

算法	优劣
Hector SLAM	该方法使用高精度传感器，而且无须里程计，使用高斯牛顿方程（Gaussian-Newton Equation）的扫描匹配算法，可应用于没有里程计的空中无人机和不平坦地面上里程计失效的小车
Gmapping SLAM	这是目前在激光 2D SLAM 用得最广的方法，Gmapping 采用的是 Rao-Blackwellized Particle Filters（RBPF, Rao-Blackwellized 粒子滤波器）的方法，重采样过程中引入自适应采样，减少了粒子耗散问题，权重更新的时候依靠运动和观测信息减少了不确定性
Karto SLAM	这是基于图优化的方法，常用于大环境下的地图创建，采用稀疏矩阵求解，在 ROS 中与扫描匹配和闭环检测相关
Core SLAM	这是为了更为简单和容易地理解性能损失最小化的一种 SLAM 算法。将算法简化为距离计算与地图更新两个过程：第一步，计算距离时，基于粒子滤波每次用激光扫描数据与地图匹配，每个粒子代表机器人的可能位置及对应的权重比值；第二步，更新过程中线段匹配用于描述地图
Lago SLAM	线性近似图优化，不需要初始假设，优化器的方法可以有三种选择：Tree-based Net ORK Optimizer（TORO），g2o，LAGO

（2）环境地图栅格化

对于一个完整的路径搜寻问题，应当从一张自然拍摄的地图开始，对于一张直观地图，首先以栅格化的方式读取它的灰度值，但灰度值会介于 0~255 之间，而我们希望得到的处理结果是将一张自然拍摄的地图用 0 和 1 表示出来，其中 0 表示可通行，1 表示不可通行。这一过程在各个领域上都已经成为一个问题，名为图像二值化。表 6-2 列出了几种主流的变换方式和操作过程。

表 6-2　几种图像二值化法

变换方式	操作过程
最大类间方差法	该算法的基本思想是先设定一个起始阈值，根据这个阈值把图像点分为两类，计算两类数据之间的总方差，并且逐步更新阈值，随之逐步更新其方差，寻找方差最大时的阈值。该阈值即为能够使图像二值化效果最好的阈值

续表

变换方式	操作过程
迭代法	该算法的核心思想是同样先设定一个阈值 c，然后不断在此基础上进行迭代，按照一定的规则，直到满足预先给出的约束条件，则 c 即为最佳阈值，根据这个阈值将小于阈值的灰度值归为 0（黑色），而大于阈值的灰度值归为 255（白色）
双峰法	该方法认为图像是由前景和背景组成的，那么当这张图片被电脑读取后，由于前景和背景各由不同的物质组成，因此读取后它们的数据各会集中在某一个区域形成双峰现象，双峰之间的最低谷就是二值化的阈值。紧接着，将小于阈值的灰度值归为黑色，而大于阈值的灰度值归为白色，即完成了对一张自然图片读取并二值化的过程
P 分位法	该方法的核心思想是在已知需要的图像在整体的图像中所占的比例（Ratio）的情况下，不停地尝试不同的阈值，对图像进行分割，一旦分割后的图像所呈现的比例与已知的比例足够接近（同样意味着达到预先设定的规则），那么该阈值即为我们所求的最佳分割阈值
一维最大熵法	该方法的思路是先将一幅彩色图像灰度化，利用图像的灰度分布密度函数，统计每一个灰度值出现的概率，计算每一个灰度值为阈值时的信息熵，熵最大的灰度值即为阈值，最后利用阈值进行图像分割

对上述的五种算法进行比较发现，其基本思路都是利用一定的遍历性，以寻找最优阈值，区别在于不同的算法对于最优阈值的表现形式是不同的。相比于这些算法，双峰法二值化算法有几个优点：虽然摄像头拍到的画面色彩繁杂，但同一物质或不同物质组成的整体在色彩上是渐变的，这就导致它们的像素点在灰度值的表示上必然也是混在一起的；而道路是整体的，因此，它在灰度值的表示上也是聚集在一起的，这些特性导致双峰法对于色彩复杂的真实道路有较强的识别能力；同时，它算法的实施不需要太多的已知信息，并且对于全局性的把握较好。因此，常用双峰法来进行地图的栅格化。

6.1.3 路径规划

路径规划作为自动驾驶汽车顺利运行的重要环节，是指自动驾驶汽车在具有障碍物的环境中规划出一条从起始位置到目标位置，并且无碰撞的最优或次优路径，并能够满足所有的约束条件，是实现汽车智能化的关键技术之一。

路径规划包括全局路径规划、局部路径规划和轨迹规划。全局路径规划也可以叫全局导航规划,即从出发点到目标点之间的纯几何路径规划,无关时间序列、车辆动力学,全局路径规划主要是对局部路径规划起到导向和约束作用,使车辆沿着导航系统提供的一系列期望局部目标点行驶;局部路径规划又叫动态避障规划,是在车辆沿期望路径行驶时,通过车载传感器感知周围环境及交通信息,从而实现车道保持、动态避障等功能;轨迹规划则源自机器人研究,通常是说机械臂的路径规划,轨迹规划应该是在全局路径规划和动态避障规划的基础上,考虑时间序列和车辆动力学对车辆运行轨迹的规划,主要是车纵向加速度、车横向角速度以及轮胎偏转角等的设定。

路径规划算法分类如图 6-3 所示,主要有:①全局路径规划,包括 BFS(广度优先搜索)算法、Dijkstra 算法、A* 算法、D* 算法以及 RRT(快速扩展随机树)算法;②局部路径规划,包括传统算法中的人工势场法、动态窗口法、模拟退火法、模糊逻辑法,以及智能算法中的神经网络、遗传算法、蚁群算法、粒子群算法和蜂群算法;③轨迹规划,包括基于模型预测控制(Model Predictive Control,MPC)和基于几何轨线控制的规划方法。

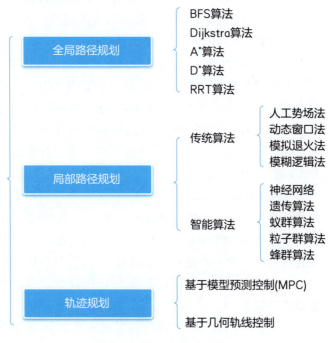

图 6-3 路径规划算法分类

一般来说，路径规划主要是按照规划路径距离最短，算法执行时间最短，或是车辆工作代价最小以及确保车辆行驶的平顺性、操纵稳定性来进行。其中一个或几个变量参与决策以达到最优的解决方案，并作为评价指标对不同的算法进行判断与选择，最终实现用户所需要或是希望的一些功能。而不同时期发展出的不同算法则注重于不同的决策变量。

（1）全局路径规划

全局路径规划通常可以找到最优解，但需要预先知道准确的全局环境信息。该算法计算量大、实时性差，不能较好地适应动态非确定环境，如日常驾驶中突然出现的行人、车辆、障碍物等。

① Dijkstra算法。该算法采用了贪心算法的思想，每次都查找与该点距离最近的点。它是遍历完所有节点才得到最短路径，呈现波纹状向外扩散，所以得到的最短路径成功率很高，鲁棒性也好。但是该算法遍历节点多，效率低，这是其运用于大型复杂路径拓扑网络时的致命缺点。

② BFS算法。该算法在搜索时只考虑了各节点到终点的估计距离，因为是估计距离，所以不能保证找到的路径为最优路径。然而，它比Dijkstra算法快得多，因为它利用启发式函数，可以保证其搜索的节点越来越靠近目标节点，并最终到达目标节点。

③ A*算法。该算法在进行启发式搜索提高搜索效率的同时也能够找到一条较为优化的路径，兼顾了BFS和Dijkstra算法的优点，搜索具有方向性、扩展节点少、鲁棒性好、对环境信息反应快。该算法的缺点是在实际应用中忽略了运动体自身的体积带来的节点限制，并且随着区域的扩大，搜索效率不断下降，路径转折点多、转角大，与车辆实际行驶有所区别。

④ D*算法。Stentz针对A*算法无法在新出现路障时规划出新的路径，提出来D*算法（Dynamic A*）。该算法具有与环境交互的能力，可以处理动态变化的环境，而且当环境发生变化时，基于以前的路径重新计算全局路径的成本降低。但是反向搜索建立了一个信息场，规划区域较大时，需要维护存储的数据量大，当出现"堵塞"时信息更新代价较大。

⑤ RRT算法。RRT具有独特优势：a. 不需要对环境建模，直接对环境中的采样点进行碰撞检测；b. 随机树扩展的速度极快，搜索

效率高；c. 适合解决动态、多障碍物环境下的路径规划问题。但 RRT 算法也有不足之处，那就是随机树扩展过程中产生了很多冗余搜索。

几种全局路径规划算法对比与分析如表 6-3 所示。

表 6-3 全局路径规划算法对比

算法	优缺点
Dijkstra 算法	得到最短路径成功率很高，鲁棒性也好；但是遍历节点多，效率低
BFS 算法	搜索效率最高；但是占用内存大，搜索得到最优路径可能性低
A* 算法	搜索具有方向性，扩展节点少，鲁棒性好，对环境信息反应快；但是随着规划区域的扩大搜索效率不断下降，路径转折点多、转角大，与车辆实际行驶有所区别
D* 算法	可以处理动态变化的环境，当环境发生变化时，基于以前的路径重新计算全局路径的成本降低；但是反向搜索建立了一个信息场，需要维护存储的数据量大
RRT 算法	不需要对环境建模，直接对环境中的采样点进行碰撞检测，搜索速度极快，搜索效率极高，适合解决动态、多障碍物环境下的路径规划问题；但是随机搜索产生了很多冗余，也不能够找到最优路径

（2）局部路径规划

局部路径规划是以不知道或不完全知道的环境信息为前提，自动驾驶车辆仅通过车载传感器，如摄像头、激光雷达等感知设备，感知自身周围环境，诸如行人与其他车辆的行驶状态、车道线、交通指示标牌等，并通过多传感器融合算法准确定位自身位置，建立地图模型进行实时路径规划。与全局路径规划方法相比，局部规划更具实时性和实用性，对动态环境具有较强适应能力。其缺点是由于仅依靠局部信息，有时会产生局部极值点或振荡，无法保证自动驾驶汽车能顺利地到达目标点。

① 传统算法。

a. 人工势场法。

1985 年，Oussama Khatib 提出来一种将机器人在周围环境中的运动设计成一种抽象的人造场中的运动，目标点对移动机器人产生引力，障碍物对移动机器人产生斥力，最后通过求合力来控制移动机器人的运动的算法,称为人工势场法(APF)。该算法规划出来的路径平滑安全,算法描述简单,但却存在一些问题:当物体离目标点比较远时,引力将变得特别大,在相对较小的斥力可以忽略的情况下,物体在运动路径上可能会碰撞到障碍物;当目标点附近有障碍物时,斥力将非常大,引力相对较小,物体很难到达目标点;在某个点,引力和斥力刚好大小相等,方向相反,则物体容易产生局部最优解或振荡。

b. 动态窗口法。

1997年,发表在 IEEE Robotics and Automation Magazines(《IEEE 机器人学与自动化杂志》)上的一篇文章首次提出了一种新的应用于机器人路径规划的算法,即动态窗口法(DWA)。其原理主要是在机器人的直线速度 v 和旋转速度 ω 组成的速度空间 (v, ω) 中采样多组速度,并模拟这些速度在一定时间内的运动轨迹,再通过一个评价函数对这些轨迹打分,最优的轨迹所对应的速度被选择出来驱动机器人运动。然而,在障碍物较多情况下,移动过程容易陷入局部最优,导致全局路径距离变大。

② 智能优化算法。

随着对各个交叉学科的研究,各类智能优化算法也被引入到路径规划领域,通过模拟自然界生物的行为规律实现优化的目的。智能优化算法具有自学习、自决定功能。近年来,典型的智能优化算法包括遗传算法、蚁群算法、粒子群算法和神经网络算法等。

a. 遗传算法。

遗传算法流程如图 6-4 所示。遗传算法首先需要建立栅格地图,之后初始化种群,计算种群的适应度,判断是否达到迭代次数或满足最优路径。判断为否,则需要进行选择、交叉、变异操作,直到满足输出条件,最终输出最优路径。

遗传算法主要应用于优化问题和搜索问题两大领域,是一种并行随机搜索优化方法。遗传算法已被视为可以快速定位广阔且复杂的搜索空间的高性能区域的搜索方法,但输出结果可能不太准确。如今,在许多研究中,它也用于局部搜索方法,称为局部遗传算法。

b. 蚁群算法。

蚁群算法是根据模拟蚂蚁以最短路径寻找食物的行为来设计的仿生算法,因此一般而言,蚁群算法用来解决最短路径问题,并在旅行

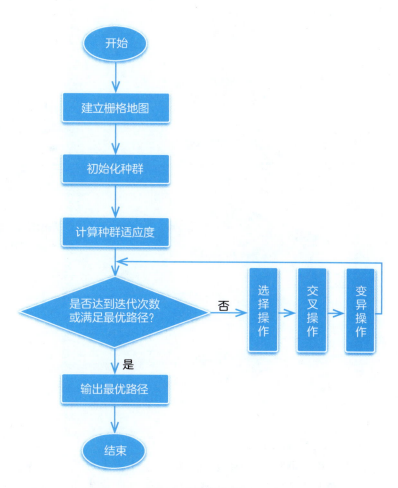

图 6-4 遗传算法流程

商问题（TSP）上取得了比较好的成效。目前，蚁群算法也已渐渐应用到其他领域中，在图着色问题、车辆调度问题、集成电路设计、通信网络设计、数据聚类分析等方面都有所应用。

如图 6-5 所示，蚁群算法首先需要设置参数进行初始化，紧接着用评价函数评价蚁群是否满足终止条件，如果不满足则需要继续迭代，利用概率选择移动方向，进行信息素更新，继续评价蚁群直至满足终止条件，输出最优路径。

蚁群算法具有较强的鲁棒性、适应性等，但也存在收敛速度慢、易出现局部最优解等问题，得到的往往是近似最优解。

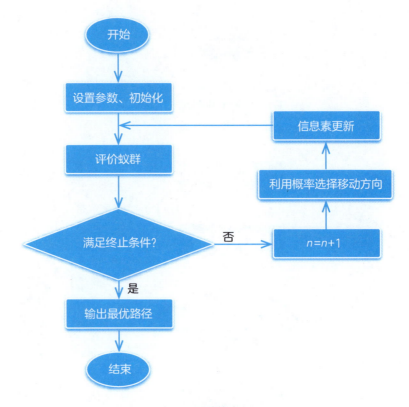

图 6-5　蚁群算法流程

c. 粒子群算法。

粒子群算法从随机解出发，通过迭代寻找最优解。它也是通过适应度来评价解的品质，但它比遗传算法规则更为简单，它没有遗传算法的交叉（Crossover）和变异（Mutation）操作，它通过追随当前搜索到的最优值来寻找全局最优解。这种算法以其实现容易、精度高、收敛快等优点引起了学术界的重视，并且在解决实际问题中展示了其优越性。

如图 6-6 所示，粒子群算法首先初始化粒子群，计算每个粒子的适应度，根据适应度去更新种群里的 Pbest（单个个体的最优解）与 Gbest（种群全局最优解），更新粒子位置、速度，判断是否达到迭代次数或是满足最优位置。判断为否，则重新计算粒子的适应度，继续更新种群里的 Pbest 与 Gbest，更新粒子位置、速度，最终满足输出条件，输出最短路径。

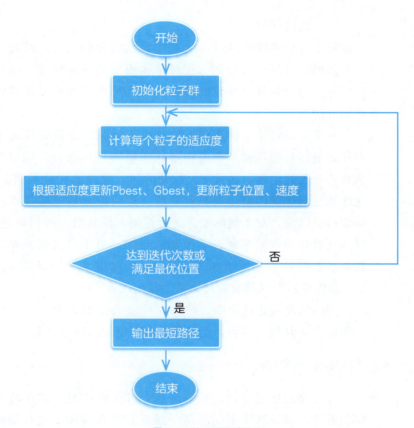

图 6-6 粒子群算法流程

几种局部路径规划算法对比与分析如表 6-4 所示。

表 6-4 局部路径规划算法对比

算法	优缺点
人工势场法	规划出来的路径平滑安全、算法描述简单；但是却存在产生局部最优解的缺陷
动态窗口法	具有良好的避障能力；但是，该方法回避了全局路径最优的路径规划要求，障碍物较多情况下存在产生局部最优解的问题
遗传算法	可以快速定位广阔且复杂的搜索空间的高性能区域；但输出结果可能不太准确，不能够得到最优路径
蚁群算法	具有较强的鲁棒性、适应性等；但也存在收敛速度慢、易出现局部最优解等问题，得到的往往是近似最优解
粒子群算法	实现容易、精度高、收敛快；但是得到的往往为近似最优解

（3）轨迹规划

对于自动驾驶车辆这一受非完整性约束的系统，研究人员通常基于车体模型进行轨迹规划。按照车体模型的精确程度，轨迹规划方法可以进一步分为基于模型预测控制（MPC）以及基于几何轨线控制的规划方法。

对于自动驾驶车辆来说，轨迹生成问题主要研究如何生成一系列动作，使得自动驾驶车辆由初始状态到达目标状态。规划的轨迹包括和轨迹相关的速度、加速度、行驶时间、燃油消耗量等状态和控制量，这些轨迹信息被传给运动控制系统。运动控制系统接收到规划轨迹的详细信息以后，对车辆的姿态进行控制，使其沿着规划轨迹进行行驶，以达到对自动驾驶车辆自动控制的目的。对于自动驾驶车辆来说，其初始状态包括其二维坐标（x, y）、航向角 ψ 以及曲率 κ、转弯半径 R、前后轮轴距以及前轮转向角之间的关系。

实际情况远比这复杂，还需要建立大量的数学方程，良好的规划必须建立在对周边环境，尤其是动态环境的深刻理解上。

6.1.4 智能汽车地图

进行路径规划寻找最优解之前，首先需要对已知环境地图进行数字化处理，以便利用不同的路径规划算法在地图上找寻最优路径。常用的环境地图模型有四种：栅格地图、几何地图、拓扑地图、混合地图。

（1）环境地图的表示方法

① 栅格地图。当前在自动驾驶领域应用较为普遍的基于栅格地图的路径规划算法是由 Elfes 和 Moravec 提出的。栅格地图是将环境视为平面上的多个栅格，通过每个栅格携带的二值信息，来表征该栅格区域是可行区域还是障碍区域，从而形成整个环境的障碍物信息，为后续的路径规划提供依据。栅格地图表现形式直观，创建和维护都比较容易，当栅格太小时，每个栅格都会占据一定的内存空间，将会导致整个系统过大，在导航时会影响系统的搜索效率，导致实时性差。过大的栅格将会使得实际地图中相邻区域的信息变得模糊，严重的甚至会出现表征错误，影响导航的准确性，因此在使用时需要选取大小合适的栅格。

② 几何地图。几何地图通过常见的几何特征去拟合障碍物信息，

如常见的点特征、直线特征、平面特征等，来搭建主要环境框架，因此，需要知道这些特征处于环境中的具体位置。基于几何地图进行定位是通过对摄像头观测到的环境数据进行度量，并与搭建的环境框架进行比较，通过特征估计技术确定机器人在环境中的具体位置来实现定位。这种方法建模简单、存储空间较小，但是不能够直观表达非结构化道路，几何特征难以获取。

③ 拓扑地图。用拓扑的结构来表示环境地图并用于移动机器人导航定位的概念最早由 Mataric 和 Kuipers 提出。拓扑地图由许多关键节点和连接这些节点的线条来描述环境，可以形象地表示环境的拓扑结构。其中，节点代表环境中的地点，线条表示机器人可以在连接的节点间运动。拓扑地图能够为机器人在节点间的移动提供节点间距离及方位信息。拓扑地图的特点是抽象、占用内存空间很小、搜索时间短、运用于导航定位系统的实时性较好。此外，运用拓扑地图进行导航定位的算法也经历了很长一段时间的发展，已经形成了许多成熟高效的搜索和推理算法，可以很方便地调用，缺点是每次匹配都需要从最邻近的拓扑节点开始匹配。

④ 混合地图。混合地图主要包含3种形式：栅格-几何地图、几何-拓扑地图、栅格-拓扑地图。考虑到适合不同场景的地图也不相同，用户需要去选择最为合适的地图，混合地图通常应用于大场景下的环境表示。相比于单一地图模式，混合地图更具灵活性、准确性和鲁棒性。

（2）高精度地图

高精度地图对于自动驾驶汽车来说，具有很高的价值。图 6-7 是高精度地图示意图，车道线、路标、周围建筑物等被清晰标注出来。高精度地图的优点如下。

第一，高精度地图能够给自动驾驶汽车很多预判的空间。当自动驾驶汽车通过高精度地图知道前方的路况和交通标识信息后，能够提前做行驶规划，保证了行车的平稳性和经济性。

第二，高精度地图能够帮助自动驾驶汽车减少计算量。当自动驾驶汽车需要通过路口时，它需要提前感知前方信号灯的状态，这时高精度地图就可以帮助它定位到信号灯所在的特定区域，从而可以有效降低全范围扫描识别的计算量。

第三，高精度地图能够将道路及周围的所有静态障碍物进行收集，减少自动驾驶汽车对静态障碍物的算法处理。

图 6-7　高精度地图示意图

第四，高精度地图包含完备的道路信息，使自动驾驶汽车可视范围更广，是自动驾驶汽车达到 L4 和 L5 级自动驾驶能力的必备条件。

匹配定位、辅助环境感知以及路径规划是高精度地图的三大功能。匹配定位功能将传感器上传的车辆与车道线的相对位置与 GPS、北斗导航卫星系统等全局高精度地图中的车道线先验信息进行匹配，完成横向定位纠正，通过路口、路牌等特征点位置与全局高精度地图中对应交通标识的先验信息进行比较，完成纵向偏差纠正。感知模块中传感器视野有限，而全局高精度地图包含全面丰富的道路环境，因此全局高精度地图可以配合感知模块提供完备的环境信息，同时感知模块只需处理指定范围内的障碍物信息，减小了计算压力。路径规划的完成必须基于高精度地图，可以根据输入的起点与目标点位置，提取高精度地图中匹配的行驶路径或行驶区域，包含变道规则等信息，并对该区域地图以栅格化或几何化等方式进行加工，精简地图信息量，方便路径规划算法处理。

（3）地图对比与分析

由表 6-5 环境地图对比与分析可知：几何地图适用于简单场景的环境建模；混合地图模型不易搭建；拓扑地图只能够表现环境地图中的关键节点和路径，无法构建几何直观地图。

表 6-5 环境地图对比与分析

模型	优点	缺点
栅格地图	直观，建模简单，易实现，可以实时更新，能够共享，精确度高，可以从云端获得，方便读取	栅格分辨率不易确定，环境越复杂栅格分辨率越低、存储空间越大、运算效率越低，路径规划效率不高，空间浪费
几何地图	建模简单，存储空间小，计算时间短	不能实时更新，无法共享，不适合非结构化道路，几何特征难以获取
拓扑地图	占用内存空间很小，搜索时间短，运用于导航定位系统的实时性较好	忽略了外部环境的几何特征，抽象，每次匹配都需要从最邻近的拓扑节点开始匹配，难以构建大环境下的地图，对于视角敏感，而且缺乏精确的尺度信息
混合地图	地图更灵活、准确	环境地图的搭建不易，通常需要根据不同环境选择不同的混合地图

(4) 基于栅格地图的 A* 算法

为了改善 A* 算法的迭代时间和路径规划能力，目前可以从两个方面对其进行优化，即对它的算法本身进行优化或是对栅格地图进行优化。

① A* 算法、BFS 算法、Dijkstra 算法基本原理。

A* 算法是依照某一启发规则并和 Dijkstra 算法相结合而生成的，所以 A* 算法不仅可以搜索到整个环境下的最优路径，还拥有较快的运行计算速度。它的核心表达式为

$$F(n) = G(n) + \text{Weights} \times H(n) \tag{6-1}$$

式中，$G(n)$ 表示汽车在工作空间中从初始起点移动到当前节点所消耗的实际代价值；$H(n)$ 为当前节点到终点的路径代价估计值，也称作启发函数，一般选用曼哈顿算法进行距离估计；$F(n)$ 为前两者之和，在路径规划中表示智能汽车在当前节点 n 所消耗的总代价值。

曼哈顿距离：

$$H(n) = \text{abs}(n_x - \text{goal}_x) + \text{abs}(n_y - \text{goal}_y) \tag{6-2}$$

式中，n_x、n_y 为当前节点的横纵坐标，goal_x、goal_y 为目标节点的横纵坐标。

若 Weights（权重）取值为 0，则 A* 算法变为 Dijkstra 算法。若 Weights 远大于 1，则该算法变为 BFS 算法，启发函数 $H(n)$ 对于整个算法影响较大。若 $H(n)$ 能够较好地与 $G(n)$ 匹配的话，路径将固定且

最优，所耗时间最短；反之，$H(n)$ 不仅会极大地增加算法时间，还会影响智能汽车寻优，最终使车辆选择一条次优路线。

图 6-8 是 A^* 算法搜索路径过程，S 点为起点，E 为终点，深蓝色表示无法通行的障碍物。实时计算 S 下一时刻所能到达的周围节点的 $F(n)$ 值，并从允许移动的格网节点中寻找 $F(n)$ 的最小值 $S1$ 进行移动，紧接着搜索 $S1$ 周围节点的最小 $F(n)$ 值继续移动，并和 S 至该节点的 $F(n)$ 值进行比较，若其 $F(n)$ 值大于 S，则选择直接从 S 移至该节点。途中，浅色 $S1$ 节点被放弃，持续搜索，最终选择一条代价值最小的路径到达目的地，即为 $S—S1—S2—S3—S4—S5—E$。

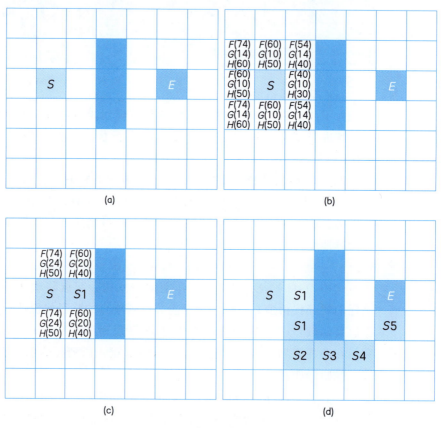

图 6-8 A^* 算法搜索路径过程

为了更为清晰地说明 A^* 算法的工作原理，设计了 A^* 算法流程图，如图 6-9 所示。

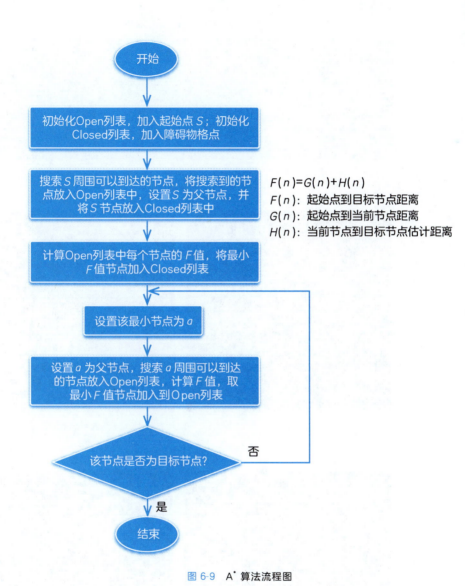

图 6-9 A* 算法流程图

② 基于 MATLAB 仿真实验结果。

在 A* 算法的核心表达式中，Weights 代表权重，通过调节 Weights 来对算法进行切换。为了确保仿真实验数据的准确性，对于不同的 Weights 取值分别进行 5 次路径搜索，记录下每一次路径搜索的路径长度与搜索时间，计算时取平均值。仿真数据见表 6-6，路径搜索结果如图 6-10 所示。

表 6-6 实验数据记录表

Weights	平均路径长度/m	平均搜索时间/s
0	104	30.341
1	104	17.239
2	104	5.388
10	120	4.508

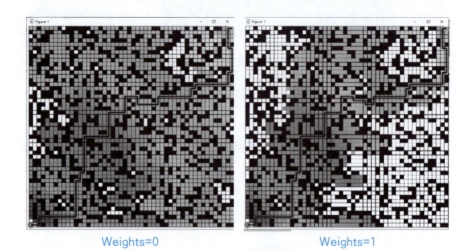

Weights=0　　　　　　　　　　Weights=1

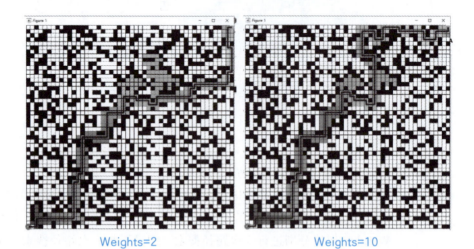

Weights=2　　　　　　　　　　Weights=10

图 6-10　不同权重路径搜索结果

6.2 智能汽车相关算法

典型的场景算法涉及数据感知、决策规划、控制执行等。其中，感知类算法包括 SLAM 算法（涵盖视觉处理、激光雷达、多传感器融合等）、自动驾驶感知算法，决策类算法包括自动驾驶规划算法、自动驾驶决策算法，执行类算法主要为自动驾驶控制算法，如图 6-11 所示。

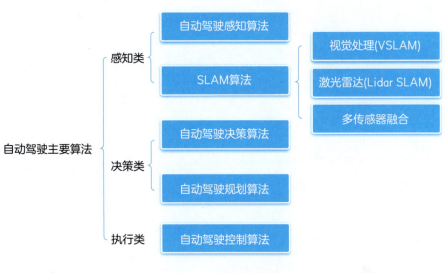

图 6-11　自动驾驶主要算法

应用层主要算法及其目的、编程语言如表 6-7 所示。

表 6-7　应用层主要算法

主要算法	主要目的	操作系统	编程语言
Lidar SLAM 算法	基于激光雷达感知的点云数据，对周围环境进行地图构建	Linux	C、C++、MATLAB
VSLAM 算法	基于摄像头感知的点云数据，对周围环境进行地图构建	Linux	C、C++
多传感器融合算法	对摄像头、毫米波雷达、激光雷达、惯性导航等感知到的信息数据进行解析融合	Linux	C、C++、MATLAB

续表

主要算法	主要目的	操作系统	编程语言
自动驾驶决策算法	基于感知模块传递的信息，对汽车的行为进行决策	Linux	C、C++、Python
自动驾驶规划算法	对车辆进行路径和速度规划，常常与决策算法一起执行	Linux	C、C++、Python
自动驾驶控制算法	对车辆进行横纵向动力学建模，实现车辆运动控制等	Windows	C、C++、MATLAB Simulink

参考文献

[1] 吴成东. 传统汽车应用域控制器与主干网技术路线探索[J]. 汽车电器, 2021（3）: 43-45.

[2] 郭炎菊, 查云飞, 陈文强, 等. 智能汽车电子电气架构综述[J]. 汽车文摘, 2021（8）: 19-24.

[3] 高丽, 杨依楠. 纯电动汽车整车控制器技术及发展[J]. 汽车实用技术, 2021（6）: 20-22.

[4] 黎伟, 喻晓勇, 匡小军. 浅析汽车电子架构发展与典型域控制器[J]. 时代汽车, 2021（16）: 163-164.

[5] 刘佳熙, 丁锋. 面向未来汽车电子电气架构的域控制器平台[J]. 中国集成电路, 2019（9）: 82-87.

[6] 裴黎. 汽车安全系统中电子技术的应用研究[J]. 中国设备工程, 2020（19）: 210-211.

[7] 程小珊. 基于CAN-CANFD网络的网关实时性研究与分析[D]. 重庆: 重庆邮电大学, 2019.

[8] 高天宇. 基于差分方法的汽车电控单元远程数据刷写设计与实现[D]. 长春: 吉林大学, 2021.

[9] 刘宇, 张义民, 曹万科, 等. 车身CAN总线网络数据传输效率优化算法的研究[J]. 汽车工程, 2006, 31（7）: 620-623.

[10] 陈睿智. 基于UDS协议的汽车电控单元故障诊断服务设计与实现[D]. 合肥: 中国科学技术大学, 2021.

[11] 华一丁, 龚进峰, 戎辉, 等. 基于模型的智能汽车电子电气架构发展综述[J]. 汽车零部件, 2019（02）: 63-66.

[12] 高焕吉. 汽车电子电气架构设计与优化[J]. 汽车电器, 2011（06）: 7-9.

[13] 杨东. 智能车辆自动驾驶域控制器设计与实现[D]. 重庆: 重庆邮电大学, 2020.

[14] 刘继周. 面向无人驾驶的智能车系统平台研究与应用[D]. 杭州: 浙江大学, 2017.

[15] 黄雷. 面向智能网联汽车的混合操作系统设计与实现[D]. 杭州: 浙江大学, 2018.

[16] 辛业华. 先进汽车辅助驾驶系统（ADAS）发展现状及前景[J]. 内燃机与配件, 2019（19）: 192-194.

[17] 徐洋. 先进驾驶员辅助驾驶系统关键技术研究[D]. 重庆: 重庆大学, 2017.

[18] 杨立琦. ADAS路试数据回放系统的设计与实现[D]. 北京: 北京交通大学, 2016.

[19] PALLIERER R, SCHMELZ B. 适用于高性能车载计算平台的自适应AUTOSAR[J]. 汽车与配件, 2019（03）: 43-45.

[20] 陈晓,李杰,邱祺. 基于计算机视觉的智能交通监测系统[J]. 电子制作,2020(22):7-9.

[21] SUN B H, DENG W W, WU J, et al. An Intention-aware and Online Driving Style Estimation Based Personalized Autonomous Driving Strategy[J]. International Journal of Automotive Technology, 2020, 21(6): 1431-1446.

[22] 王建,徐国艳,陈竞凯,等. 自动驾驶技术概论[M]. 北京:清华大学出版社,2019.

[23] OERTEL M, ZIMMER B. More Performance with Autosar Adaptive[J]. ATZelectronics worldwide, 2019, 14(5): 36-39.

[24] 郁利吉. Smart OSEK OS 3.0 的设计与实现[D]. 杭州:浙江大学,2007.

[25] ZIMMER B, OERTEL M. Mehr Leistung mit Autosar Adaptive[J]. ATZ Elektron, 2019, 14(5): 38-43.

[26] 余贵珍,周彬,王阳,等. 自动驾驶系统设计及应用[M]. 北京:清华大学出版社,2020.

[27] 张燕咏,张莎,张昱,等. 基于多模态融合的自动驾驶感知及计算[J]. 计算机研究与发展,2020,57(09):1781-1799.

[28] 郑继虎,张庆余,潘霞,等. 定位自动驾驶领域的域控制器研究[J]. 时代汽车,2019(09):50-52.

[29] 郭灿,崔根群,唐风敏. 基于服务的车载以太网研究与开发[J]. 现代电子技术,2020,43(05):25-29.

[30] 杨世春,肖赟,夏黎明,等. 自动驾驶汽车平台技术基础[M]. 北京:清华大学出版社,2020.

[31] 韩霜. TI最新TDA2x SoC系列重新定义高级驾驶员辅助系统[J]. 世界电子元器件,2013(11):62.

[32] 陆鹏. 一种从机SPI通信接口的FPGA设计与实现[J]. 信息通信,2020(03):142-143.

[33] 林枫. 面向园区的自动驾驶车载计算系统设计与实现[D]. 成都:电子科技大学,2020.

[34] 陈龙浩. 汽车线控转向控制技术综述[J]. 汽车实用技术,2020,45(19):253-257.

[35] 徐朝胜,师卫. 应用软件跨平台技术的研究[J]. 科技情报开发与经济,2007(05):244-245.

[36] 翟怡然. 基于嵌入式实时Linux及AUTOSAR的跨平台技术研究与实现[D]. 长春:吉林大学,2020.

[37] 陈坤. 面向智能车辆的基础软件平台设计与实现[D]. 杭州:浙江大学,2015.

[38] 刘伟,孙芳岑. 自动驾驶控制系统芯片技术现状与应用分析[J]. 汽车电器,2018(10):15.

[39] 俞庆华. 伟世通推出DriveCore™自动驾驶平台[J]. 汽车零部件,2018(05):87.

汽车前沿技术 科·普·系·列

图说智能网联汽车技术

图说智能汽车无人驾驶技术

图说电动汽车无线充电技术

图说汽车智能辅助驾驶技术

◆ **图说智能汽车域控制器技术**

图说燃料电池汽车

图说汽车智能座舱

图说汽车尾气净化技术

图说汽车绿色维修技术

销售分类建议：汽车
ISBN 978-7-122-42966-7

定价：69.80元